推普脱贫攻坚专用系列教材

藏语对照版
最简实用普通话

100句

杨亦鸣　　刘朋建　　◆　　主编

社会科学文献出版社

SOCIAL SCIENCES ACADEMIC PRESS (CHINA)

基金支持

国家社科基金重大委托项目"'推普脱贫攻坚'理论研究和数据库建设"（20@ZH007）

首批国家语言文字推广基地重大项目"国家语言能力与国民语言能力提升研究"

国家语委重大项目"语言文字能力建设与文化强国的关系研究"

前　言

一

　　中华民族脱贫攻坚战已经到了决战决胜的关键时期，要继续坚持精准扶贫精准脱贫的基本方略，其中教育扶贫是最根本的精准扶贫。深度贫困地区因不具备普通话基本交流能力而造成的贫困问题是教育扶贫中最难啃的"硬骨头"之一。2017年6月23日，习近平总书记在主持召开深度贫困地区脱贫攻坚座谈会时指出，在社会发育程度低、长期封闭的深度贫困地区，存在很多人"不学汉语、不识汉字、不懂普通话"的现象，由于不具备基本的普通话交流能力，使得即使有打工意愿和能力的贫困青壮年劳动力也无法在家乡以外的地区与人沟通交流，也就难以通过外出就业摆脱贫困。2018年1月，教育部、国务院扶贫办、国家语委联合印发《推普脱贫攻坚行动计划（2018-2020年）》，其"目标定位"明确指出，"到2020年，贫困家庭新增劳动力人口应全部具有国家通用语言文字沟通交流和应用能力，现有贫困地区青壮年劳动力具备基本的普通话交流能力"，通过"推普"对这块最难啃的"硬骨头"发起了攻坚战。但"推普脱贫攻坚"并不简单地等同于在贫困地区"推普"，"推普"包括在贫困地区"推普"都属于国家语言文字普及推广的常规工作，根据教育部和国家语委2017年3月印发的《国家通用语言文字普及攻坚工程实施方案》的任务要求，到2020年西部特殊困难县域普通话普及率不低于50%；其"推普"对象包括贫困地区所有普通话水平未达标的群众。而"推普脱贫攻坚"则是聚焦深度贫困地区因不懂普通话而难以外出务工的贫困青壮年劳动力，特别是完全不懂汉语而又需要到发达地区通过务工来脱贫的三区三州少数民族适龄青壮年劳动力，这是必须在2020年完成的一项精准扶贫攻坚工作。

为了完成时代赋予的这一任务，江苏师范大学国家语委语言能力高等研究院自2018年以来对"推普脱贫攻坚"的缘由、性质、任务、路径和意义等问题进行深入的理论研究，同时组织大学生志愿者开展实地调研，深入19个国家级贫困县126个深度贫困村入户调查适龄贫困青壮年劳动力的语言文字掌握情况，发现在三区三州极度贫困偏远山区的民族聚居区，大约还有18万少数民族贫困青壮年不懂汉语、不识汉字，影响了他们到发达地区打工谋生，属于真正需要推普脱贫"攻坚"的对象。对于此类人群的"推普"，本质上是一种针对汉语零基础且本身是文盲者的第二语言教学。不同于汉语母语者，他们学习汉语普通话是习得其母语之外的第二语言，需要进行普通话和民族语言双语教学；他们也不同于通常的二语学习者，后者一定程度上掌握了本民族的书面语，通过长期学习，可以系统掌握第二语言的语音、词汇、语法、文字等，而这些少数民族青壮年不仅不会汉语、不识汉字，没有文化，而且很多都是连本民族语言的文字也不认识的纯文盲，为了"脱贫"，亟须短期内掌握能够到发达地区务工求职或易地搬迁生活所需的普通话基本交流能力。为此，我们按照精准扶贫的原则，为不懂汉语、不识汉字的适龄贫困青壮年编写了这套《推普脱贫攻坚专用系列教材——少数民族语言对照版最简实用普通话100句》，做为"推普脱贫攻坚"速成学习的专用教材。

二

《推普脱贫攻坚专用系列教材——少数民族语言对照版最简实用普通话100句》共五册，分别面向彝族、傈僳族、维吾尔族、藏族和纳西族这五个还存在相当数量不懂汉语、不识汉字的少数民族的贫困青壮年学习者。根据我们一线调研分析，以及组织大学生志愿者教学过程中的教学经验，这些少数民族青壮年每年的农闲时间或各种节假日，可以有一个月左右的时间用于普通话学习，所以本教材适用于一个月（也可以一周为一个时间单元，分四个单元）教授完成。教材在内容上选取了自我介绍、问路、购票、住宿、找工作等20个外出务工最亟须的语言场景，每个语言场景为一课，共20课。每课包括"核心句型""对话""拓展词汇"三个固定板块。"核心句型"每课5个，为该语言场景中最基本常用的普通话基本用语；"对话"基于语言场景和核心句型设计，句子贴合偏远贫困山区青壮年的身份特征和在发达地区务工实际所需的生活经验；"拓展词汇"为可以在核心句型和对话中替换使用的常用词语。每册教材中还附有"汉语拼音""词汇集""正字法"等板块，便于学习对象掌握汉语拼音、常用基本词汇，以及汉字的基本笔画、偏旁、笔顺、结构等正字法知识。

针对学习对象是汉语零基础的少数民族贫困青壮年文盲，以及短期内掌握外出打工谋生所需的普通话基本交流能力的实际需求，本套教材在编写上具备以下三个特点。

一是少数民族语言与汉语对照。教材中的汉语内容全部配有对应的少数民族语言文字，既有助于掌握当地民族语言的教学人员准确讲解教学内容，也有助于学习对象更快更好地学会普通话。

二是简单易学。语言材料以高频词语、简单而常用的句式和简短的情境对话为主；将核心句型置于对话中，在实际外出务工语言场景中学会运用核心句型，同时通过将拓展词汇代入核心句型的学习，实现举一反三的句型训练效果；将《汉语拼音方案》中的声母和韵母分散安排到各课之中，每课只学习部分相关的内容，通过词汇和句型反复重现这些声母、韵母，从而降低汉语拼音的学习难度。

三是循序渐进。在课程安排上，从"日常礼貌用语""自我介绍"等最基本的内容，逐渐过渡到"求职""面试""看病买药""办理银行业务"等较为复杂的打工及相关的社会生活内容。在每课的学习上，先学基本核心句型，再通过拓展词汇丰富核心句型变化，掌握更多的句子，最后通过对话场景来操练核心句型的运用。在教材的整体编排上，先通过常用句型和词汇的教学使学习者掌握普通话初步的交际应用能力以激发其学习兴趣，并通过句型和词汇的初步学习接触汉语拼音的声母、韵母和声调，在此基础上，分9课完成汉语拼音方案的学习，从第10课起安排汉字的笔画、偏旁、笔顺、结构等正字法知识的内容，为识认汉字打下基础。

三

根据调研和试点教学情况，使用本套教材需要有合适的教学方法和学习方法。首先在教学方面，由于很难在短期内培训出有少数民族语言能力的任教者，所以我们采用了"协同教学"的方法，即选配会当地民族语言的志愿者协助普通话教学志愿者教学，同步翻译教学内容；相应地在学习方面，采用了"同伴学习"的方法，即征集略会普通话或者略会当地民族语言、认识一些汉字的群众陪伴不懂汉语的少数民族青壮年学习，同步翻译学习内容，确保学习对象能够真正听懂所学的内容。

此外，汉语拼音的学习在普通话教学中非常重要，是进一步自我学习普通话的基础，对不会汉语汉字的少数民族贫困青壮年而言，集中学习《汉语拼音方案》难度大，也很枯燥，所以我们采用"语流中学拼音"的教学方法，即每课结合词汇和句型的学习有重点地了解和掌握几个汉语拼音声母和韵母及其拼读规则。核心句型的学习则采用"场景中学句型"的方法，即在相关外出务工语言场景中学习和反复操练，从而确保普通话基本交流能力"短期速成"。

我们在三区三州部分深度贫困村试用上述"协同教学"和"同伴学习"及"语流中学拼音""场景中学句型"等教学方法，原本不会普通话的少数民族青壮年经过一周的双语普通话学习，就能够模仿外出工作和基本生活场景的普通话基本用语，一个月左右即可具有在发达地区生活所需的普通话基本交流能力。

这套《推普脱贫攻坚专用系列教材——少数民族语言对照版最简实用普通话100句》还可用于“推普脱贫攻坚”对象普通话基本交流能力的的评估验收工作。由于评估验收对象是汉语零基础及有外出打工谋生需求者，所以评估验收应以掌握外出务工生活所需的最基本生存和生活用语为合格标准。具体原则为，在语音上，以建立能区别意义的音位为标准，尽量要求发音准确，但不在听音辨音上花太多时间追求音值和连续语流在韵律方面抑扬顿挫的完全精准。在实际应用上，以能够基本听懂和会说这100句中的核心句型为标准，不过分追求讲解和辨析构成句子的词法和句法的有关理论。在教材规定的语言场景中，当他人开启话题时，被测试人能听懂，并能运用场景中的核心句型回答问题，延续、完成2～3个话轮的对话；同时被测试人也能使用普通话运用核心句型主动开启话题，并延续、完成2～3个话轮的对话。

在初步完成“攻坚”任务之后，对原“推普脱贫攻坚”对象的“推普”要与国家推广普通话的常规工作有效衔接，可以用更长的时间较为系统地学习更丰富的与打工和生活相关的语言场景、普通话常用词汇和核心句型，还要进一步学会汉字，能够使用汉语书面语，最终真正掌握国家通用语言文字。

四

本套教材的编写工作得到了教育部和国家语委有关部门的指导和关心，教育部语言文字应用管理司和语言文字应用研究所给予了具体的支持和帮助，在贫困地区实地调研和试点教学过程也得到了地方基层部门的积极协助，使我们能够克服时间紧、任务重的困难，顺利完成这部教材的编写和出版，在此表示衷心的感谢。本套教材试用本在深度贫困民族地区几轮试用的过程中，北京语言大学、中央民族大学、江苏师范大学、云南民族大学、新疆师范大学、教育部语言文字应用研究所、中国社会科学院民族学与人类学研究所、中央民族语文翻译局的专家学者对试用本提出了宝贵的完善意见；江苏师范大学语言科学与艺术学院的部分老师和学生志愿者也对教材的研讨、编写等工作做出了贡献，这里也深表谢意。还要感谢社会科学文献出版社，对教材的审校和出版投入了很大的精力，保证了教材出版的快速和高质量。

本教材的研究、编写和出版还得到了国家社科基金重大委托项目"'推普脱贫攻坚'理论研究和数据库建设"、首批国家语言文字推广基地重大项目"国家语言能力与国民语言能力提升研究"、国家语委重大项目"语言文字能力建设与文化强国的关系研究"的资助，在此一并致谢。

目 录 ﾘﾄﾉ汥ﾌ
MùLù

目录
MùLù

目录 དཀར་ཆག

MùLù

目录 དཀར་ཆག
MùLù

1 RìCháng LǐMào YòngYǔ 日常 礼貌 用语 རྒྱུན་སྤྱོད་ཞེ་ཚིག

Héxīn Jùxíng 核心 句型 བརྗོད་རྣམ་གཙོ་བོ།

Nín hǎo!
1. 您 好！
སྐུ་ཁམས་བཟང་།

Zǎoshang hǎo.
2. 早上 好。
ཞོགས་པ་བདེ་ལེགས།

Hěn gāoxìng rènshi nín!
3. 很 高兴 认识 您！
ཁྱེད་རང་ངོ་ཤེས་པར་ཧ་ཅང་དགའ་པོ་བྱུང་།

Zuìjìn zěnmeyàng?
4. 最近 怎么样？
ཉེ་ཆར་གང་འདྲ་འདུག

Zàijiàn!
5. 再见 ！
རྗེས་སུ་མཇལ་ཡོང་།

Duìhuà 对话 ཁ་བརྡ།

Dì-yī cì jiàn, dǎzhāohu 第一 次 见，打招呼

ཐོག་མར་ཐུག་དུས་གོ་བརྡ་སྤྲོད་པ།

Luòsāng: Nín hǎo, hěn gāoxìng rènshi nín!
洛 桑：您 好，很 高兴 认识 您！
བློ་བཟང་། སྐུ་ཁམས་བཟང་། ཁྱེད་རང་ངོ་ཤེས་པར་ཧ་ཅང་དགའ་པོ་བྱུང་།

Zhào Míng: Nín hǎo, wǒ yě shì.
赵 明： 您 好，我 也 是。

ཀྲའོ་མིང་། སྐུ་ཁམས་བཟང་། ང་ཡང་དགའ་པོ་བྱུང་།

Liáo le yíhuìr zhīhòu
聊 了 一会儿 之后

ཁ་བརྡ་ཡུད་ཙམ་བྱས་རྗེས།

Luòsāng: Wǒ hái yǒu shì, xiān zǒu le. Zàijiàn.
洛 桑：我 还 有 事，先 走 了。再见。

བློ་བཟང་། ང་ད་དུང་ལས་ཀ་ཡོད་པས་སྔོན་ལ་འགྲོ་ཡི་ཡིན། རྗེས་སུ་མཇལ་ཡོང་།

Zhào Míng: Zàijiàn!
赵 明： 再见！

ཀྲའོ་མིང་། རྗེས་སུ་མཇལ་ཡོང་།

Péngyǒu jiànmiàn, dǎzhāohu
朋友 见面，打招呼
གྲོགས་པོ་ཐུག་དུས་གོ་བདེ་སྦྲོད་པ།

Luòsāng: Zǎoshang hǎo.
洛 桑： 早上 好。

བློ་བཟང་། ཞོགས་པ་བདེ་ལེགས།

Zhào Míng: Zǎoshang hǎo.
赵 明： 早上 好。

ཀྲའོ་མིང་། ཞོགས་པ་བདེ་ལེགས།

Luòsāng: Zuìjìn zěnmeyàng?
洛 桑：最近 怎么样？

བློ་བཟང་། ཉེ་ཆར་གང་འདྲ་འདུག

Zhào Míng: Tǐng hǎo de.
赵 明： 挺 好 的。

ཀྲའོ་མིང་། ཡག་པོ་འདུག

Tuòzhǎn Cíhuì
拓展 词汇 མིང་ཚིག་རྒྱ་སྐྱེད།

1. wǒ	我	ང་།
2. nǐ	你	ཁྱེད།
3. tā	他	ཁོ།
4. tā	她	ཁོ་མོ།
5. wǒmen	我们	ང་ཚོ།
6. nǐmen	你们	ཁྱེད་ཚོ།
7. tāmen	他们	ཁོ་ཚོ།
8. tāmen	她们	ཁོ་མོ་ཚོ།
9. shàngwǔ	上午	སྔ་དྲོ།

10. xiàwǔ 下午 ཕྱི་དྲོ།

11. zhōngwǔ 中午 ཉིན་གུང་།

12. wǎnshang 晚上 དགོང་མོ།

b p m f d t n l

a o e

2

自我 介绍

རང་ཉིད་ངོ་སྤྲོད་བྱེད་པ།

Héxīn Jùxíng 核心 句型 བརྗོད་རྣམ་གཙོ་བོ།

Wǒ jiào Luòsāng.

1. 我 叫 洛桑。

ངའི་མིང་ལ་བློ་བཟང་ཟེར།

Wǒ jīnnián sānshí suì.

2. 我 今年 三十 岁。

ད་ལོ་ང་ལོ་སུམ་ཅུ་ཡིན།

Wǒ huì shuō Pǔtōnghuà.

3. 我 会 说 普通话。

ངས་སྤྱི་སྐད་བཤད་ཤེས།

Wǒ shì Xīzàng Ālǐ rén.

4. 我 是 西藏 阿里 人。

ང་བོད་ལྗོངས་མངའ་རིས་མི་ཡིན།

Wǒ xǐhuān pǎobù.

5. 我 喜欢 跑步。

ང་རྒྱུག་ཤར་སློད་རྒྱུར་དགའ།

Duìhuà 对话 ཁ་བརྡ།

Lǐ Xiǎomíng: Nín hǎo, hěn gāoxìng rènshi nín.
李 小明：您 好，很 高兴 认识 您。

ལི་ཞའོ་མིང་། སྐུ་ཁམས་བཟང་། ཁྱེད་རང་ངོ་ཤེས་པར་ཧ་ཅང་དགའ་པོ་བྱུང་།

Luòsāng: Nín hǎo, wǒ jiào Luòsāng, hěn gāoxìng rènshi nín. Wǒ huì shuō
洛 桑：您 好，我 叫 洛桑，很 高兴 认识 您。我 会 说

yìdiǎnr Pǔtōnghuà.
一点儿 普通话。

བློ་བཟང་། སྐུ་ཁམས་བཟང་། ངའི་མིང་ལ་བློ་བཟང་ཟེར། ཁྱེད་རང་ངོ་ཤེས་པར་ཧ་ཅང་དགའ་པོ་བྱུང་། ངས་རྒྱ་སྐད་ཏོག་ཙམ་བཤད་ཤེས་ཀྱི་ཡོད།

Lǐ Xiǎomíng: Nǐ shì nǎli rén?
李 小明 ：你 是 哪里 人？

ལི་ཞའོ་མིང་། ཁྱེད་རང་ག་ནས་ཡིན།

Luòsāng: wǒ shì Xīzàng Ālǐ rén, wǒ shì Zàngzú rén.
洛 桑：我 是 西藏 阿里 人，我 是 藏族 人。

བློ་བཟང་། ང་བོད་ལྗོངས་མངའ་རིས་མི་ཡིན། ང་བོད་རིགས་ཡིན།

Lǐ Xiǎomíng: Nǐ jīnnián duō dà le?
李 小明 ：你 今年 多 大 了？

ལི་ཞའོ་མིང་། ཁྱེད་ད་ལོ་ལོ་ག་ཚོད་རེད།

Luòsāng: Wǒ jīnnián sānshí suì.
洛 桑：我 今年 三十 岁。

ལང་ཞའོ་ཅུན། ད་ལོ་ང་ལོ་སུམ་ཅུ་ཡིན།

Lǐ Xiǎomíng：Nǐ píngshí xǐhuān zuò shénme?
李 小明 ：你 平时 喜欢 做 什么？

ལི་ཞའོ་མིང་། ཁྱེད་ནས་རྒྱུན་ག་རེ་བྱ་རྒྱུར་དགའ་པོ་ཡོད།

Luòsāng：Wǒ xǐhuān zuòfàn hé pǎobù.
洛 桑 ：我 喜欢 做饭 和 跑步。

བློ་བཟང་། ང་ལ་ལག་བཟོ་རྒྱུ་དང་རྒྱུག་ཤར་སྤྲོད་རྒྱུར་དགའ་པོ་ཡོད།

Tuòzhǎn Cíhuì
拓展 词汇 ཨིང་ཆེག་རྒྱ་སྐྱེད།

1.chànggē	唱歌	གློ་གཞས་གཏོང་བ།
2.tiàowǔ	跳舞	ཞབས་བྲོ་འཁྲབ་པ།
3.kàn diànshì	看 电视	བརྙན་འཕྲིན་ལྟ་།
4.yùndòng	运动	ལུས་རྩལ།
5.liáotiān	聊天	ཁ་བརྡ།
6.Rìkāzéshì	日喀则市	གཞིས་ཀ་རྩེ་གྲོང་ཁྱེར།
7.Chāngdūshì	昌都市	ཆབ་མདོ་གྲོང་ཁྱེར།
8.Nàqǔshì	那曲市	ནག་ཆུ་གྲོང་ཁྱེར།
9.Bāsùxiàn	八宿县	དཔའ་ཤོད་རྫོང་།
10.Gāndéxiàn	甘德县	དགའ་བདེ་རྫོང་།
11.Gǎizéxiàn	改则县	སྒེར་རྩེ་རྫོང་།
12.Gānzīxiàn	甘孜县	དཀར་མཛེས་རྫོང་།

g k h j q x

i u ü

CíHuì Jí
词汇集 ཚིག་ཚོགས།

Bùfen Mínzú
部分 民族
 མི་རིགས་ལ་ཤས།

Báizú 白族 པའི་རིགས།	Bùyīzú 布依族 ཕུའུ་དབྱི་རིགས།	Dǎizú 傣族 ཊའི་རིགས།	Dōngxiāngzú 东乡族 ཏུང་ཞང་རིགས།
Hānízú 哈尼族 ཧ་ཉི་རིགས།	Hāsàkèzú 哈萨克族 ཧ་ས་ཀ་རིགས།	Huízú 回族 ཧུའི་རིགས།	Jǐngpōzú 景颇族 ཅིང་ཕོ་རིགས།
Lìsùzú 傈僳族 ལི་སུའུ་རིགས།	Miáozú 苗族 མིའོ་རིགས།	Nàxīzú 纳西族 ནཧིང་རིགས།	Qiāngzú 羌族 ཆའང་རིགས།
Tǔjiāzú 土家族 ཐུའུ་ཅ་རིགས།	Wǎzú 佤族 དབའ་རིགས།	Wéiwú'ěrzú 维吾尔族 ཝེ་གུར་རིགས།	Yáozú 瑶族 ཡའོ་རིགས།
Yízú 彝族 དབྲིས་རིགས།	Zàngzú 藏族 བོད་རིགས།	Zhuàngzú 壮族 ཀྲོང་རིགས།	

Shēngxiāo
生肖
ལོ་རྟགས།

shǔ 鼠 བྱི་བ།	niú 牛 གླང་།	hǔ 虎 སྟག	tù 兔 ཡོས།
lóng 龙 འབྲུག	shé 蛇 སྦྲུལ།	mǎ 马 རྟ།	yáng 羊 ལུག
hóu 猴 སྤྲེལ།	jī 鸡 བྱ།	gǒu 狗 ཁྱི།	zhū 猪 ཕག

Shùcí
数词
གྲངས་ཚིག

líng 零（0） ཀླད་ཀོར།	yī 一（1） གཅིག	èr 二（2） གཉིས།	sān 三（3） གསུམ།
sì 四（4） བཞི།	wǔ 五（5） ལྔ།	liù 六（6） དྲུག	qī 七（7） བདུན།
bā 八（8） བརྒྱད།	jiǔ 九（9） དགུ།	shí 十（10） བཅུ།	bǎi 百 བརྒྱ།
qiān 千 སྟོང་།	wàn 万 ཁྲི།	yì 亿 དུང་ཕྱུར།	

3

Dǎ DiànHuà
打 电话
ཁ་པར་རྒྱག་པ།

Héxīn Jùxíng
核心 句型 བརྗོད་རྣམ་གཙོ་བོ།

Wèi, nín hǎo!
1. 喂，您 好！
ཧ་ཡེ། སྐུ་ཁམས་བཟང་།

Qǐng wèn, shì Lǐ Xiǎomíng ma?
2. 请 问，是 李 小 明 吗？
བཀའ་འདྲི་ཞུ་རྒྱུར། ཁྱེད་རང་ལི་ཞའོ་མིང་ཡིན་ནམ།

Qǐng wèn, nín shì nǎwèi?
3. 请 问，您 是 哪位？
བཀའ་འདྲི་ཞུ་རྒྱུར། ཁྱེད་རང་སུ་ཡིན།

Wǒ méi tīng qīng, nín néng zài shuō yí biàn ma?
4. 我 没 听 清，您 能 再 说 一 遍 吗？
ངས་གསལ་པོ་གོ་མ་སོང་། ཁྱེད་རང་གིས་ཡང་བསྐྱར་ཐེངས་གཅིག་གསུང་དང་།

Nín dǎ cuò le.
5. 您 打 错 了。
ཁྱེད་རང་གིས་རྒྱག་ནོར་ཤོར་འདུག

Duìhuà
对话 ཁ་བརྡ།

Bō cuò diànhuà
拨错 电话
རྒྱག་ནོར་ཤོར་འདུག

Luòsāng: Wèi, nín hǎo! Qǐng wèn, shì Lǐ Xiǎomíng ma?
洛 桑：喂，您 好！请 问，是 李 小明 吗？
བློ་བཟང་། ཧ་ཡེ། སྐུ་ཁམས་བཟང་། བཀའ་འདྲི་ཞུ་རྒྱུར། ཁྱེད་རང་ལི་ཞའོ་མིང་ཡིན་ནམ།

Mòshēng hàomǎ: Nín dǎ cuò le.
陌生　号码：您　打　错　了。

རྒྱུས་མེད་པའི་ཨང་གྲངས། ཁྱེད་རང་གིས་རྒྱག་ནོར་ཤོར་འདུག

Luòsāng: Bùhǎoyìsi!
洛　桑：不好意思！

བློ་བཟང་། དགོངས་པ་མ་ཚོམས།

Zàicì dǎ diànhuà
再次 打 电话

ཡང་བསྐྱར་ཁ་པར་རྒྱག་པ།

Luòsāng: Wèi, shì Xiǎolǐ ma?
洛　桑：喂，是　小李　吗？

བློ་བཟང་། ཧ་ཡེ། ཞའོ་ལི་ཡིན་པས།

Lǐ Xiǎomíng: Shìde, nín shì nǎwèi?
李　小明：是的，您　是　哪位？

ལི་ཞའོ་མིང་། ཡིན། ཁྱེད་རང་སུ་ཡིན།

Luòsāng: Wǒ shì Luòsāng.
洛　桑：我　是　洛　桑。

བློ་བཟང་། ང་བློ་བཟང་ཡིན།

Lǐ Xiǎomíng: Luòsāng, zhǎo wǒ yǒu shénme shì ma?
李 小明 : 洛 桑 , 找 我 有 什么 事 吗?

ལི་ཞའོ་མིང་། བློ་བཟང་། ང་བཙལ་ནས་དོན་དག་ཡོད་དམ།

Luòsāng: Nǐ nàr yǒu Zhào Jīnglǐ de hàomǎ ma?
洛 桑 : 你 那儿 有 赵 经理 的 号码 吗?

བློ་བཟང་། ཁྱེད་ས་ལ་ཅིང་ལི་ཀྲའོ་ལགས་ཀྱི་ཁ་པར་ཨང་གྲངས་ཡོད་དམ།

Lǐ Xiǎomíng: Yǒude, yī sān jiǔ wǔ yī sì liù sì sì qī wǔ.
李 小明 : 有的, 1 3 9 5 1 4 6 4 4 7 5 。

ཞའོ་ལི། ཡོད། 13951464475

Luòsāng: Wǒ méi tīng qīng, nǐ néng zài shuō yíbiàn ma?
洛 桑 : 我 没 听 清, 你 能 再 说 一遍 吗?

བློ་བཟང་། ངས་གསལ་པོ་གོ་མ་སོང་། ཁྱེད་རང་གིས་ཡང་བསྐྱར་ཐེངས་གཅིག་གསུང་དང་།

Lǐ Xiǎomíng: Hǎo de, yī sān jiǔ wǔ yī sì liù sì sì qī wǔ.
李 小明 : 好 的, 1 3 9 5 1 4 6 4 4 7 5 。

ཞའོ་ལི། འགྲིག་ཨ། 13951464475

Tuòzhǎn Cíhuì
拓展 词汇 མིང་ཚིག་རྒྱ་སྐྱེད།

1. wùyè	物业	སྡེ་ལས།
2. shuǐwùjú	水务局	ཆུ་དོན་ཅུས།
3. gōng'ānjú	公安局	སྤྱི་བདེ་ཅུས།
4. pàichūsuǒ	派出所	མངགས་གཏོང་ཁང་།
5. fúwùzhàn	服务站	ཞབས་ཞུའི་ས་ཚིགས།
6. duǎnxìn	短信	འཕྲིན་ཐུང་།
7. liúyán	留言	ལག་འཕྲིན་འཇོག་པ།
8. yǔyīn	语音	སྐད་སྒྲ།
9. xiāoxi	消息	གནས་ཚུལ།

z c s zh ch sh r

CíHuì Jí
词汇集 ཚིག་ཚོགས།

Chángjiàn Xìngshì
常见　　姓氏
རུས་མིང་རྒྱུན་མཐོང་།

Wáng 王 ཝང་།	Lǐ 李 ལི།	Zhāng 张 གང་།	Liú 刘 ལིའུ།
Chén 陈 ཆེན།	Yáng 杨 དབྱང་།	Huáng 黄 ཧོང་།	Zhào 赵 གའོ།
Wú 吴 ཝུའུ།	Zhōu 周 ཇོའུ།	Xú 徐 ཞུས།	Sūn 孙 སུན།
Mǎ 马 མ།	Zhū 朱 གྲུའུ།	Hú 胡 ཧུའུ།	Guō 郭 གུའོ།

4 Wèn Lù 问路 ལམ་འདྲི་བ།

Héxīn Jùxíng 核心 句型 བརྗོད་ཆམ་གཙོ་བོ།

Qǐng wèn, huǒchēzhàn zěnme zǒu?
1. 请 问，火车站 怎么 走？
བཀའ་འདྲི་ཞུ་རྒྱུར་མེ་འཁོར་འབབ་ཚུགས་ལ་གང་འདྲ་འགྲོ་དགོས་རེད།

Qǐng wèn, fùjìn yǒu huǒchēzhàn ma?
2. 请 问，附近 有 火车站 吗？
བཀའ་འདྲི་ཞུ་རྒྱུར་ཉེ་འགྲམ་ལ་མེ་འཁོར་འབབ་ཚུགས་ཡོད་དམ།

Lí zhèli yǒu duō yuǎn?
3. 离 这里 有 多 远？
འདི་ནས་ཐག་རིང་ལོས་ཡོད་དམ།

Qǐng wèn, dào huǒchēzhàn yào duō cháng shíjiān?
4. 请 问，到 火车站 要 多 长 时间？
བཀའ་འདྲི་ཞུ་རྒྱུར་མེ་འཁོར་འབབ་ཚུགས་བར་དུས་ཚོད་རིང་ལོས་འགྲོ་དགོས་སམ།

Qǐng wèn, qù huǒchēzhàn zuò jǐ lù gōngjiāochē?
5. 请 问，去 火车站 坐 几 路 公交车？
བཀའ་འདྲི་ཞུ་རྒྱུར་མེ་འཁོར་འབབ་ཚུགས་བར་སྤྱི་སྤྱོད་རླངས་འཁོར་གང་བརྫོད་དགོས་རེད།

Duìhuà 对话 ཁ་བརྡ།

Qù huǒchēzhàn 去 火车站 མེ་འཁོར་འབབ་ཚུགས་ལ་འགྲོ།

Luòsāng: Qǐng wèn, huǒchēzhàn zěnme zǒu?
洛桑：请 问，火车站 怎么 走？
བློ་བཟང་། བཀའ་འདྲི་ཞུ་རྒྱུར་མེ་འཁོར་འབབ་ཚུགས་ལ་གང་འདྲ་འགྲོ་དགོས་རེད།

Lùrén: Sān lù chē kěyǐ zhídá.
路人： 3 路 车 可以 直达。

ལམ་འགྲུལ། སྤྱི་སྤྱོད་རླངས་འཁོར་གསུམ་པས་ཐད་ཀར་འབྱོར་གྱི་རེད།

Luòsāng: Duō jiǔ néng dào?
洛 桑： 多 久 能 到？

བློ་བཟང་། དུས་ཚོད་ག་ཚོད་དགོས།

Lùrén: Dàyuē èrshí fēnzhōng.
路人： 大约 二十 分钟。

ལམ་འགྲུལ། ཕལ་ཆེར་སྐར་མ་ཉི་ཤུ་དགོས།

Luòsāng: Qǐng wèn, fùjìn yǒu gōngjiāozhàn ma?
洛 桑： 请 问，附近 有 公交站 吗？

བློ་བཟང་། བཀའ་འདྲི་ཞུར་རྒྱུར་ཉེ་འགྲམ་ལ་སྤྱི་སྤྱོད་རླངས་འཁོར་ས་ཚུགས་ཡོད་དམ།

Lùrén: Yìzhí wǎng qián zǒu, dì-sān gè hónglǜdēng lùkǒu zuǒ zhuǎn jiùshì.
路人：一直 往 前 走， 第三 个 红绿灯 路口 左 转 就是。

ལམ་འགྲུལ། ཐད་ཀར་མདུན་ལ་སོང་རྗེས། སློག་དམར་ལྗང་གསུམ་པའི་གཡོན་ཕྱོགས་སུ་འཁོར།

Luòsāng: Hǎo de, xièxie.
洛 桑: 好 的, 谢谢。

བློ་བཟང་། ལགས་སོ། ཐུགས་རྗེ་ཆེ།

Qù yínháng
去 银行

དངུལ་ཁང་ལ་འགྲོ།

Luòsāng: Qǐng wèn qù Zhōngguó Yínháng zuò jǐ lù chē?
洛 桑: 请 问 去 中国 银行 坐 几 路 车?

བློ་བཟང་། བཀའ་འདྲི་ཞུ་རྒྱུར་ཀྲུང་གོ་དངུལ་ཁང་ལ་འགྲོ་དགོས་ན་སྤྱི་སྤྱོད་རླངས་འཁོར་གང་བསྡད་དགོས་རེད།

Lùrén: Shíyī lù kěyǐ dào.
路人: 11 路 可以 到。

ལམ་འགྲུལ། ཨང་བཅུ་གཅིག་གིས་སླེབས་ཀྱི་རེད།

Luòsāng: Yuǎn ma?
洛 桑: 远 吗?

བློ་བཟང་། ཐག་རིང་པོ་ཡོད་དམ།

Lùrén: Wǔzhàn jiù dào le.
路人: 五站 就 到 了。

ལམ་འགྲུལ། འབབ་ཚུགས་ལྔའི་རྗེས་ལ་སླེབས་ཀྱི་རེད།

Tuòzhǎn Cíhuì
拓展 词汇 མིང་ཚིག་རྒྱ་སྐྱེད།

1. yóujú	邮局	སྦྲག་ཁང་།
2. bīnguǎn	宾馆	མགྲོན་ཁང་།
3. cèsuǒ	厕所	གསང་སྤྱོད།
4. jiǔdiàn	酒店	ཨར་ཁང་།
5. shāngdiàn	商店	ཚོང་ཁང་།
6. qìchēzhàn	汽车站	རླངས་འཁོར་འབབ་ཚུགས།
7. chāoshì	超市	སྒོ་རྫིས་ཚོང་ཁང་།

8. dōng	东	ཤར།
9. xī	西	ནུབ།
10. nán	南	ལྷོ།
11. běi	北	བྱང་།
12. yòu	右	གཡས།
13. shàng	上	སྟེང་།
14. xià	下	འོག
15. hòu	后	རྒྱབ།
16. dàbāchē	大巴车	སྤྱི་སྤྱོད་རླངས་འཁོར།
17. dìtiě	地铁	ས་འོག་ལྕགས་ལམ།
18. pángbiān	旁边	འགྲམ་དུ།
19. gébì	隔壁	ཁྱིམ་མཚེས།
20. fùjìn	附近	ཉེ་འཁོར།
21. qiánmiàn	前面	མདུན་ངོས།
22. hòumiàn	后面	རྒྱབ་ལོགས།
23. bèimiàn	背面	རྒྱབ་ངོས།
24. duìmiàn	对面	ཁ་སྤྲོད།

ia an ian ie uei

ang

[附]

CíHuì Jí
词汇 集 ཚིག་ཚོགས།

Jiāotōng Gōngjù
交通 工具
འགྲིམ་འགྲུལ་ཡོ་བྱད།

zìxíngchē	diàndòngchē	mótuōchē	gōnggòng qìchē
自行车	电动车	摩托车	公共 汽车
ཀང་འཁོར།	གློག་སྒུལ་འཁོར་ལོ།	སྤུག་སྤུག	སྤྱི་སྤྱོད་རླངས་འཁོར།

kèchē	qìchē	dìtiě	huǒchē
客车	汽车	地铁	火车
འགྲུལ་འཁོར།	རླངས་འཁོར།	ས་འོག་ལྕགས་ལམ།	མེ་འཁོར།

gāotiě	chuán	fēijī	chūzūchē
高铁	船	飞机	出租车
མྱུར་འགྲོད་ལྕགས་ལམ།	གྲུ།	གནམ་གྲུ།	གླ་གཏོང་རླངས་འཁོར།

5 Gòu Piào 购 票 པ་སེ་ཉོ་བ།

Héxīn Jùxíng 核心 句型 བརྗོད་རྣམ་གཙོ་བོ།

1. Wǒ mǎi liǎng zhāng dào Běijīng de huǒchēpiào.
我 买 两 张 到 北京 的 火车票 。
ང་ལ་པེ་ཅིང་འགྲོ་བའི་པ་སེ་གཉིས་དགོས།

2. Yǒu jīntiān xiàwǔ dào Běijīng de huǒchē ma?
有 今天 下午 到 北京 的 火车 吗？
དེ་རིང་ཕྱི་དྲོ་པེ་ཅིང་ལ་འགྲོ་མཁན་མེ་འཁོར་འདུག་གམ།

3. Yǒu zhídá de ma?
有 直达 的 吗？
ཤར་རྒྱུག་འགྲོ་མཁན་འདུག་གམ།

4. Wǒ xiǎng gǎiqiān dào míngtiān shàngwǔ.
我 想 改签 到 明天 上午。
ང་སང་ཉིན་ཞ་དྲོར་འགྱུར་འདོད་འདུག

5. Wǒ xiǎng bànlǐ tuìpiào.
我 想 办理 退票。
ང་པ་སེ་ཕྱིར་སློག་བྱེད་འདོད་འདུག

Chuāngkǒu mǎi piào
窗口　买　票
སྒེའུ་ཁུང་ནས་པ་སེ་ཉོ་བ།

(yī)
(一)
(གཅིག)

Luòsāng: Wǒ mǎi liǎng zhāng dào Běijīng de huǒchēpiào.
洛　桑：我　买　两　张　到　北京　的　火车票。
བློ་བཟང་། ང་ལ་པེ་ཅིང་འགྲོ་བའི་པ་སེ་གཉིས་དགོས།

Shòupiàoyuán: Xiàwǔ sāndiǎn wǔshí fēn de zhí èrshíèr cì kěyǐ ma?
售票员：　下午　三　点　五十　分　的　Z22　次　可以　吗？
པ་སེ་འཚོང་མཁན། ཕྱི་དྲོ་ཆུ་ཚོད་གསུམ་དང་སྐར་མ་ལྔ་བཅུའི་ Z22ཀྱི་པ་སེ་ཡིས་ཆོག་གམ།

Luòsāng: Kěyǐ, wǒ yào yìngzuò.
洛　桑：可以，我　要　硬座。
བློ་བཟང་། ཆོག ང་ལ་རྐུབ་སྟེགས་དཀྲུས་མ་དགོས།

车次 始发站 终到站 开点 到达 运行时间 里程
Z163 拉萨 上海 11:30 11:51 48小时21分 4373
Z263 拉萨 广州 12:55 19:50 54小时55分 4980
Z8803 拉萨 日喀则 15:20 17:58 2小时38分 248
Z22 拉萨 北京西 15:50 8:28 40小时38分 3757
Z321 拉萨 成都 18:40 6:26 35小时46分 3360
Z224 拉萨 重庆西 18:40 6:40 36小时0分 3055
退、改签窗口
3
退、改签窗口
4
退、改签窗口
5

Shòupiàoyuán: Yígòng wǔbǎilíngèr yuán, qǐng chūshì yíxià shēnfènzhèng.
售票员：　一共　502　元，请　出示　一下　身份证。

པ་སེ་འཚོང་མཁན། ཁྱོན་སྡོམ་502 རེད། ཁྱེད་རང་གི་ཐོབ་ཐང་ལག་ཁྱེར་སྟོན་རོགས་གནང་།

Luòsāng: Hǎo de.
洛桑：好的。

བློ་བཟང་། ལགས་སོ།

（èr）
（二）
（གཉིས）

Luòsāng: Yǒu jīntiān xiàwǔ dào Běijīng de chē ma?
洛桑：有　今天　下午　到　北京　的　车　吗？

བློ་བཟང་། དེ་རིང་ཕྱི་དྲོ་པེ་ཅིན་ལ་འགྲོ་མཁན་རླངས་འཁོར་འདུག་གམ།

Shòupiàoyuán: Méiyǒu piào le.
售票员：　没有　票　了。

པ་སེ་འཚོང་མཁན། པ་སེ་མེན་འདུག

Luòsāng: Míngtiān shàngwǔ de yǒu ma?
洛桑：明天　上午　的　有　吗？

བློ་བཟང་། སང་ཉིན་ས་དྲོའི་པ་སེ་འདུག་གམ།

Shòupiàoyuán: Yǒude.
售票员：　有的。

པ་སེ་འཚོང་མཁན། འདུག

车次	始发站	终到站	开点	到达	运行时间	里程
Z163	拉萨	上海	11:30	11:51	48小时21分	4373
Z263	拉萨	广州	12:55	19:50	54小时55分	4980
Z8803	拉萨	日喀则	15:20	17:58	2小时38分	248
Z22	拉萨	北京西	15:50	8:28	40小时38分	3757
Z321	拉萨	成都	18:40	6:26	35小时46分	3360
Z224	拉萨	重庆西	18:40	6:40	36小时0分	3055

Luòsāng: Yǒu zhídá de ma?
洛桑：有　直达　的　吗？

བློ་བཟང་། ཤར་རྒྱུག་འགྲོ་མཁན་འདུག་གམ།

Shòupiàoyuán: Yǒude.
售票员： 有的。

པ་སེ་འཚོང་མཁན། འདུག

Chuāngkǒu gǎiqiān
窗口 改签

སྐེའུ་ཁུང་དུ་མཆན་སྒྱུར་བྱེད་པ།

Luòsāng: Wǒ xiǎng gǎiqiān dào míngtiān shàngwǔ.
洛 桑：我 想 改签 到 明天 上午。

བློ་བཟང་། ང་སང་ཉིན་སྔ་དྲོར་འགྱུར་འདོད་འདུག

Shòupiàoyuán: Hǎo de.
售票员： 好 的。

པ་སེ་འཚོང་མཁན། ལགས་སོ།

Chuāngkǒu tuìpiào
窗口 退票

སྐེའུ་ཁུང་དུ་པ་སེ་ཕྱིར་སློག་པ།

Luòsāng: Wǒ xiǎng tuìpiào.
洛 桑：我 想 退票。

བློ་བཟང་། ང་པ་སེ་ཕྱིར་སློག་འདོད་འདུག

Shòupiàoyuán: Gěi wǒ nín de shēnfènzhèng hé chēpiào.
售票员： 给 我 您 的 身份证 和 车票。

པ་སེ་འཚོང་མཁན། ང་ལ་ཁྱེད་ཀྱི་ཐོབ་ཐང་ལག་ཁྱེར་དང་པ་སེ་སྤྲོད་དང་།

Luòsāng: Hǎo de.
洛 桑：好 的。

བློ་བཟང་། ལགས་སོ།

Tuòzhǎn Cíhuì
拓展 词汇 མིང་ཚིག་རྒྱ་སྐྱེད།

1. gāotiěpiào	高铁票	མྱུར་འགྲོད་ལྕགས་ལམ་གྱི་པ་སེ།
2. qìchēpiào	汽车票	སྣངས་འཁོར་པ་སེ།
3. dìtiěpiào	地铁票	ས་འོག་ལྕགས་ལམ་གྱི་པ་སེ།

4. yìngwò	硬卧	ཉལ་ཁྲི་དཀྲུས་མ།
5. ruǎnwò	软卧	ཉལ་ཁྲི་འབོལ་མ།
6. ruǎnzuò	软座	ཀུབ་སྟེགས་འབོལ་མ།
7. shàngpù	上铺	སྟེང་ཁྲི།
8. xiàpù	下铺	འོག་ཁྲི།
9. zhōngpù	中铺	བར་ཁྲི།
10. zhōngzhuǎn	中转	བར་འགྲིམ།

ai ei ao ou uo

ong

CíHuì Jí
词汇集 ཚིག་ཚོགས།

Shěng （Shěnghuì Chéngshì）、 Zìzhìqū （Shǒufǔ）、
省 （省会 城市）、 自治区（首府）、

ཞིང་ཆེན། （ཞིང་ཆེན་ལྟེ་གནས་གྲོང་ཁྱེར།） རང་སྐྱོང་ལྗོངས། （ལྟེ་གནས་གྲོང་ཁྱེར།）

Zhíxiáshì 、Tèbiéxíngzhèngqū
直辖市、 特别行政区

ཐད་སྐྱོང་གྲོང་ཁྱེར། དམིགས་བསལ་སྲིད་འཛིན་ཁུལ།

Ānhuī（Héféi） 安徽（合肥） ཨན་ཧྥུའེ་（ཧོ་ཧྥེ）	Fújiàn（Fúzhōu） 福建（福州） ཧྥུའུ་ཅན་（ཧྥུའུ་ཀྲུའུ）
Gānsù（Lánzhōu） 甘肃（兰州） ཀན་སུའུ་（ལན་ཀྲུའུ）	Guǎngdōng（Guǎngzhōu） 广东（广州） ཀོང་ཏུང་（ཀོང་ཀྲུའུ）
Guǎngxī（Nánníng） 广西（南宁） ཀོང་ཞི་（ནན་ཉིང་）	Guìzhōu（Guìyáng） 贵州（贵阳） ཀུའེ་ཀྲུའུ་（ཀུའེ་དབྱང་）
Hǎinán（Hǎikǒu） 海南（海口） ཧའེ་ནན་（ཧའེ་ཁོ）	Hénán（Zhèngzhōu） 河南（郑州） ཧོ་ནན་（ཀྲེང་ཀྲུའུ）
Héběi（Shíjiāzhuāng） 河北（石家庄） ཧོ་པེ་（ཧྲི་ཅ་ཀྲང་）	Hēilóngjiāng（Hā'ěrbīn） 黑龙江（哈尔滨） ཧེ་ལུང་ཅང་（ཧར་པིན）
Húběi（Wǔhàn） 湖北（武汉） ཧུའུ་པེ་（ཝུའུ་ཧན）	Húnán（Chángshā） 湖南（长沙） ཧུའུ་ནན་（ཁྲང་ཧྲ）

Jílín（Chángchūn）
吉林（长春）
ཅི་ལིན་（ཁྲང་ཁྲུན）

Jiāngsū（Nánjīng）
江苏（南京）
ཅང་སུའུ་（ནན་ཅིང་）

Jiāngxī（Nánchāng）
江西（南昌）
ཅང་ཞི་（ནན་ཁྲང་）

Liáoníng（Shěnyáng）
辽宁（沈阳）
ལེའོ་ཉིང་（ཧྲེན་དབྱང་）

Nèiměnggǔ（Hūhéhàotè）
内蒙古（呼和浩特）
ནང་སོག་（ཧུའུ་ཧོ་ཧའོ་ཐེ）

Níngxià（Yínchuān）
宁夏（银川）
ཉིང་ཞ་（དབྱིན་ཁྲོན）

Qīnghǎi（Xīníng）
青海（西宁）
མཚོ་སྔོན་（ཟི་ལིང་）

Shāndōng（Jǐnán）
山东（济南）
ཧྲའན་ཏུང་（ཅི་ནན）

Shānxī（Tàiyuán）
山西（太原）
ཧྲའན་ཞི་（ཐའེ་ཡོན）

Shǎnxī（Xī'ān）
陕西（西安）
ཧྲན་ཞི་（ཞི་ཨན）

Sìchuān（Chéngdū）
四川（成都）
སི་ཁྲོན་（ཁྲིང་ཏུའུ）

Táiwān（Táiběi）
台湾（台北）
ཐའེ་ཝན་（ཐའེ་པེ）

Xīzàng（Lāsà）
西藏（拉萨）
བོད་ལྗོངས་（ལྷ་ས）

Xīnjiāng（Wūlǔmùqí）
新疆（乌鲁木齐）
ཞིན་ཅང་（ཨུ་རུམ་ཆི）

Yúnnán（Kūnmíng）
云南（昆明）
ཡུན་ནན།་（ཁུ ན་མིང་།）

Zhèjiāng（Hángzhōu）
浙江（杭州）
ཀྲེ་ཅང་།（ཧང་ཀྲུའུ།）

Běijīng
北京
པེ་ཅིང་།

Chóngqìng
重庆
ཁྲུང་ཆིང་།

Shànghǎi
上海
ཧྲང་ཧའེ།

Tiānjīn
天津
ཐེན་ཅིན།

Àomén
澳门
ཨའོ་མོན།

Xiānggǎng
香港
ཞང་ཀང་།

6 Chéng Chē
乘 车
རྣངས་འཁོར་བསྡད་པ།

Héxīn Jùxíng
核心 句型 བརྗོད་རྣམ་གཙོ་བོ།

Kuài wǔwǔsì cì zài nǎr hòuchē?
1. K554 次 在 哪儿 候车？
བཀའ་འདྲི་ཞུ་རྒྱུར་k554ག་ནས་སྒུག་དགོས་རེད།

Zài èrlóu sānhào hòuchēshì hòuchē.
2. 在 二楼 三号 候车室 候车。
ཐོག་ས་གཉིས་པའི་སྒུག་ཁང་གསུམ་པར་སྒུག་དགོས།

Hái yǒu duō jiǔ cái néng jiǎnpiào jìnzhàn?
3. 还 有 多 久 才 能 检票 进站？
ནམ་རྗེས་ལ་པ་སེ་བཤེར་ནས་འཛུལ་ཆོག་གི་རེད་དམ།

Wǎndiǎn le duō cháng shíjiān?
4. 晚点 了 多 长 时间？
ཕྱི་འགྱངས་ཆུ་ཚོད་ག་ཚོད་བྱས་འདུག

Bùhǎoyìsi, zhè shì wǒ de zuòwèi.
5. 不好意思，这 是 我 的 座位。
དགོངས་པ་མ་ཚོམས། འདི་ངའི་སྡོད་ས་རེད།

Duìhuà
对话 ཁ་བརྡ།

Jiǎnpiào hòuchē
检票 候车
པ་སེ་བཤེར་ནས་རྣངས་འཁོར་སྒུག་པ།

Luòsāng: Qǐng wèn kuài wǔwǔsì cì lièchē zài nǎr hòuchē?
洛 桑： 请 问 K554 次 列车 在 哪儿 候车？
བློ་བཟང་། བཀའ་འདྲི་ཞུ་རྒྱུར་K554ག་ནས་སྒུག་དགོས་རེད།

Gōngzuò rényuán： Zài èrlóu sānhào hòuchē shì.
工作 人员： 在 二楼 三号 候车室。

ལས་དོན་མི་སྣ། ཐོག་ས་གཉིས་པའི་སྒུག་ཁང་གསུམ་པར་སྒུག་དགོས།

Luòsāng： Zhè tàng chē wǎndiǎn le ?
洛 桑： 这 趟 车 晚点 了？

བློ་བཟང་། འཁོར་ཐེངས་འདི་ཕྱི་འགྱོར་བྱས་པ་རེད་དམ།

Gōngzuò rényuán： Shìde .
工作 人员： 是的。

ལས་དོན་མི་སྣ། རེད།

Luòsāng： Wǎndiǎn le duō cháng shíjiān?
洛 桑： 晚点 了 多 长 时间？

བློ་བཟང་། ཕྱི་འགྱོར་ཆུ་ཚོད་ག་ཚོད་བྱས་འདུག

Gōngzuò rényuán： Dàyuē yí gè xiǎoshí.
工作 人员： 大约 一 个 小时。

ལས་དོན་མི་སྣ། ཕལ་ཆེར་ཆུ་ཚོད་གཅིག་ཙམ།

Luòsāng： Háiyǒu duō jiǔ cái néng jiǎnpiào jìnzhàn?
洛 桑： 还有 多 久 才 能 检票 进站？

བློ་བཟང་། ནམ་རྗེས་ལ་པ་སེ་བཤེར་ནས་འཛུལ་ཚོག་གི་རེད་དམ།

Gōngzuò rényuán：Hái bù qīngchǔ, qǐng děnghòu tōngzhī.
工作 人员：还不 清楚，请 等候 通知。

ལས་དོན་མི་སྣ། ད་དུང་གསལ་པ་མི་ཤེས་པས། བཏ་ཐ་ཕྲུག་རགས་གནང་།

上车 后

ཆུང་ས་འབོར་ལ་བཞུད་རྗེས།

Luòsāng：Bùhǎoyìsi , zhè shì wǒ de zuòwèi.
洛 桑：不好意思，这是我的座位。

བློ་བཟང་། དགོངས་པ་མ་ཚོམས། འདི་ངའི་སྟོད་ས་རེད།

Chéngkè：Duìbuqǐ , néng gēn nín huàn xià zuòwèi ma？
乘客：对不起，能跟您换下座位吗？

འགྲུལ་པ། དགོངས་དག ཁྱེད་དང་སྟོད་ས་བརྗེ་ན་འགྲིག་གམ།

Luòsāng：Méi wèntí.
洛 桑：没 问题。

བློ་བཟང་། འགྲིག་གི་རེད།

031

1. chūzhàn	出站	ཐོན་སྒོ།
2. zhàntái	站台	ཚིགས་སྟེགས།
3. chēxiāng	车厢	འབོར་སྐྱོམ།
4. zhèngdiǎn	正点	དུས་ཐོག
5. fāchē	发车	འབོར་ལོ་གཏོང་བ།
6. dàozhàn	到站	འབྱོར་བ།
7. zhōngdiǎn	终点	མཐའ་ཚིགས།
8. cānchē	餐车	ཟས་འབོར།
9. ānjiǎn	安检	བདེ་བཤེར།
10. bùxíng	步行	ཀང་ཐང་།
11. chángtú	长途	ཐག་རིང་།
12. duǎntú	短途	ཐག་ཐུང་།
13. tíqián	提前	ཕྱ་སྔུར།

in　uan　uen　üan　üen

7

ZhùSù

住宿

ཁག་ཕོད།

Héxīn Jùxíng

核心 句型 བཙོད་རྣམ་གཙོ་བོ།

Hái yǒu fángjiān ma?
1. 还 有 房间 吗?
ད་དུང་ཁང་པ་ཡོད་དམ།

Yì wǎn zuì piányi duōshǎo qián?
2. 一 晚 最 便宜 多少 钱?
དགོང་མོ་ཅིག་ལ་གོང་ཞེ་ཉེས་ག་ཚོད་རེད།

Shénme shíhou tuìfáng?
3. 什么 时候 退房?
ཕྱིར་ན་ག་དུས་ཁལ་ཕྱིར་སློག་དགོས།

Wǒ yào tuìfáng.
4. 我 要 退房。
ང་ཁང་པ་སློག་དགོས།

Xíngli kěyǐ jìcún zài qiántái ma?
5. 行李 可以 寄存 在 前台 吗?
འགྱལ་ཆས་མདུན་སྟེགས་ལ་མདགས་བཅོལ་བྱེད་ཆོག་གམ།

Duìhuà

对话 ལ་བརྡ།

Rùzhù

入住

བཞུད་པ།

Luòsāng: Qǐng wèn hái yǒu fángjiān ma?
洛 桑: 请 问 还 有 房间 吗?
བློ་བཟང་། བཀའ་འདྲི་ཞུ་རྒྱུར་ད་དུང་ཁང་པ་ཡོད་དམ།

034

Qiántái fúwùyuán: Yǒude.
前台　服务员：有的。

མདུན་སྒྲིགས་ཞབས་ཞུ་བ། ཡོད།

Luòsāng: Yì wǎn zuì piányi duōshǎo qián?
洛　桑：一　晚　最 便宜　多少　钱？

བློ་བཟང་། དགོང་མོ་ཅིག་ལ་གོང་ཁེ་ཤོས་ག་ཚོད་རེད།

Qiántái fúwùyuán: Sānshí. Yào jiāo wǔshí yājīn, tuìfáng de shíhou huì tuìhuán.
前台　服务员：三十。要　交　五十　押金，退房　的　时候　会　退还。

མདུན་སྒྲིགས་ཞབས་ཞུ་བ། སུམ་ཅུ། གཏའ་དངུལ་ལྔ་བཅུ་སྤྲོད་དགོས་པ་དང་། ཁང་པ་ཕྱིར་སློག་དུས་གཏའ་དངུལ་སློག་གི་རེད།

Luòsāng: Hǎo de.
洛　桑：好　的。

བློ་བཟང་། འགྲིག་ཨ།

Qiántái fúwùyuán: Zhè shì nín de fángkǎ.
前台　服务员：这　是　您　的　房卡。

མདུན་སྒྲིགས་ཞབས་ཞུ་བ། འདི་ཁྱེད་རང་གི་ཁང་པའི་ལྡེ་མིག་རེད།

Luòsāng: Shénme shíhou tuìfáng?
洛 桑 : 什么 时候 退房？

བློ་བཟང་། ཕྱིར་ན་ག་དུས་ཉལ་ཁང་ཕྱིར་སློག་དགོས།

Qiántái fúwùyuán: Zhōngwǔ shíèr diǎn.
前台 服务员： 中午 十二 点 。

མདུན་སྒྲིགས་ཞབས་ཞུ་བ། ཉིན་གུང་ཆུ་ཚོད་བཅུ་གཉིས་པར།

Luòsāng: Hǎo de.
洛 桑 : 好 的。

བློ་བཟང་། ལགས་སོ།

Tuìfáng
退房
ཁང་པ་སློག་པ།

Luòsāng: Wǒ yào tuìfáng.
洛 桑 : 我 要 退房 。

བློ་བཟང་། ང་ཁང་པ་སློག་དགོས།

Qiántái fúwùyuán: Zhè shì nín de yājīn.
前台 服务员： 这 是 您 的 押金。

མདུན་སྒྲིགས་ཞབས་ཞུ་བ། འདི་ཁྱེད་རང་གི་གཏའ་དངུལ་རེད།

Luòsāng: Wǒ kěyǐ bǎ xíngli xiān fàng zhèr ma?
洛 桑 : 我 可以 把 行李 先 放 这儿 吗？

བློ་བཟང་། ངའི་འཁྱུལ་ཆས་འདིར་བཞག་ཆོག་གི་རེད་དམ།

Qiántái fúwùyuán: Kěyǐ, shénme shíhou qǔ?
前台 服务员：可以， 什么 时候 取？

མདུན་སྒྲིགས་ཞབས་ཞུ་བ། ཆོག་གི་རེད། ག་དུས་ལེན་མཁན་ཡིན།

Luòsāng: Xiàwǔ liùdiǎn qián.
洛 桑 : 下午 六点 前 。

བློ་བཟང་། ཕྱི་དྲོའི་ཆུ་ཚོད་དྲུག་པའི་གོང་ལ།

Qiántái fúwùyuán: Hǎo de, méi wèntí.
前台 服务员： 好 的， 没 问题。

མདུན་སྒྲིགས་ཞབས་ཞུ་བ། འགྲིག་གི་རེད།

Tuòzhǎn Cíhuì
拓展 词汇 མིང་ཚིག་རྒྱ་སྐྱེད།

1. dānrénjiān	单人间	མི་གཅིག་ཁང་པ།
2. zhōngdiǎnfáng	钟点房	དུས་བཅད་ཁང་པ།
3. sānrénjiān	三人间	མི་གསུམ་ཁང་པ།
4. biāozhǔnjiān	标准间	མི་གཉིས་ཁང་པ།
5. fēnzhōng	分钟	སྐར་མ།
6. xiǎoshí	小时	ཆུ་ཚོད།
7. tiān	天	ཉིན།

Hànyǔ Pīnyīn
汉语 拼音 རྒྱ་ཡིག་སྒྲ་སྦྱོར།

ua üe iao iou uai

en ueng

CíHuì Jí

词汇集 ཚིག་ཚོགས།

Shíjiān Dānwèi

时间 单位

དུས་ཚོད་འཇལ་བྱེད།

miǎo 秒 སྐར་ཆ།	fēnzhōng 分钟 སྐར་མ།	xiǎoshí 小时 ཆུ་ཚོད།	tiān（rì） 天（日） ཉིན།（ཉི་མ）
zhōu（xīngqī） 周（星期） གཟའ་འཁོར། （གཟའ།）	yuè 月 ཟླ་བ།	jìdù 季度 ནམ་དུས།	nián 年 ལོ།

8 Zhǎo GōngZuò (ZhōngJiè)
找 工作 （中介）
ལས་ཀ་འཚོལ་བ།（བར་སྐྱེན།）

Héxīn Jùxíng
核心 句型 བརྗོད་རྣམ་གཙོ་བོ།

Wǒ xiǎng zhǎo gōngzuò.
1. 我 想 找 工作。
ང་ལས་ཀ་འཚོལ་འདོད་འདུག

Néng shuō yí xià nǐ de jīběn qíngkuàng ma?
2. 能 说 一下 你 的 基本 情况 吗？
ཁྱེད་རང་གི་གཞི་རྩའི་གནས་ཚུལ་ཤོད་གནང་དང་།

Yí gè yuè gōngzī liǎngqiān duō.
3. 一 个 月 工资 两千 多。
ཟླ་རེར་གླ་ཕོགས་སྒོར་ཉིས་སྟོང་ལྷག་དགོས་ཡོད།

Wǒ bú huì xiě zì, kěyǐ bāng wǒ tián yí xià ma?
4. 我 不 会 写 字，可以 帮 我 填 一 下 吗？
ངས་ཡི་གེ་འབྲི་ཤེས་ཀྱི་མེད། ང་ལ་འབྲི་རོགས་གནང་དང་།

Bānyùngōng kěyǐ ma?
5. 搬运工 可以 吗？
འདོན་འཇུག་བཟོ་པ་བྱེད་འདོད་ཡོད་དམ།

Duìhuà
对话 ཁ་བརྡ།

Luòsāng: Wǒ xiǎng zhǎo gōngzuò.
洛桑：我 想 找 工作。
བློ་བཟང་། ང་ལས་ཀ་འཚོལ་འདོད་འདུག

Zhōngjiè: Néng shuō yí xià nǐ de jīběn qíngkuàng ma?
中介：能 说 一 下 你 的 基本 情况 吗？
བར་སྐྱེན། ཁྱེད་རང་གི་གཞི་རྩའི་གནས་ཚུལ་ཤོད་གནང་དང་།

Luòsāng: Wǒ jīnnián sānshí, zuò guò wǔ nián níwǎgōng.
洛 桑：我 今年 三十，做 过 五 年 泥瓦工。

བློ་བཟང་། ང་ད་ལོ་ལོ་སུམ་ཅུ་ཡིན། ཨར་ལས་ལོ་ལྔ་བྱེད་མྱོང་།

Zhōngjiè: Bānyùngōng kěyǐ ma?
中介： 搬运工 可以 吗？

བར་སྐྱན། འདོན་འཛུག་བཟོ་པ་བྱེད་འདོད་ཡོད་དམ།

Luòsāng: Kěyǐ.
洛 桑：可以。

བློ་བཟང་། ཡོང་གི་རེད།。

Zhōngjiè: Nǐ xīwàng yí gè yuè gōngzī duōshǎo?
中介： 你 希望 一 个 月 工资 多少？

བར་སྐྱན། ཁྱེད་རང་གི་རེ་བར་ཟླ་ཕོགས་ག་ཚོད་དགོས་སམ།

Luòsāng: Yí gè yuè gōngzī liǎngqiān duō ba.
洛 桑：一 个 月 工 资 两千 多 吧。

བློ་བཟང་། ཟླ་རེར་གླ་ཕོགས་སྒོར་ཉིས་སྟོང་ལྷག་དགོས་ཡོད།

Zhōngjiè: Hǎo de, qǐng tián yí xià qiúzhíbiǎo.
中介：好的，请填一下求职表。

བར་སྐྱེལ། ལགས་སོ། ལས་གཉེར་རེའུ་མིག་འབྲི་རོགས་གནང་།

Luòsāng: Wǒ bú huì xiě zì, néng bāng wǒ tián yí xià ma?
洛桑：我不会写字，能帮我填一下吗？

བློ་བཟང་། ངས་ཡི་གེ་འབྲི་ཤེས་ཀྱི་མེད། ང་ལ་འབྲི་རོགས་གནང་དང་།

Zhōngjiè: Kěyǐ.
中介：可以。

བར་སྐྱེལ། ཡོང་གི་རེད།

1. duǎnqī	短期	ཡུན་ཐུང་།
2. gùdìng	固定	གཏན་འཇགས།
3. jiānzhí	兼职	ཞོར་གཉེར།
4. quánzhí	全职	ཉིན་གང་ལས་གཉེར།
5. qīngjiégōng	清洁工	གཙང་སྦྲ་བ།
6. yóuqīgōng	油漆工	རྩི་གཏོང་མཁན།
7. shuǐdiàngōng	水电工	ཆུ་གློག་ལས་མཁན།
8. mùgōng	木工	ཤིང་བཟོ་བ།
9. wéixiūgōng	维修工	ཉམས་བཟོ་བ།

eng   iang   ing

iong   uang

9 Zhǎo GōngZuò (LáoWù ShìChǎng)
找 工作（劳务 市场）
ལས་ཀ་འཚོལ་བ།（ངལ་ལས་ཁྲོམ་ར།）

Héxīn Jùxíng
核心 句型 བརྗོད་རྣམ་གཙོ་བོ།

Nǐ huì zuò shénme gōngzuò?
1. 你 会 做 什么 工作 ？
ཁྱེད་ཀྱིས་ལས་ཀ་གང་བྱེད་ཤེས་ཀྱི་ཡོད།

Wǒ huì xiū shuǐdiàn.
2. 我 会 修 水电 。
ངས་ཆུ་གློག་བཟོ་ཤེས་ཀྱི་ཡོད།

Nín zhèr zhāo bānyùngōng ma?
3. 您 这儿 招 搬运工 吗？
ཁྱེད་ཀྱིས་དགོར་འདྲེན་ལས་མི་བསྡུ་ཡི་ཡོད་དམ།

Gōngqián zěnme suàn?
4. 工钱 怎么 算？
གླ་ཕོགས་གང་འདྲ་བརྩིས་སམ།

Bāo chī zhù ma?
5. 包 吃 住 吗？
ཟས་སྡོད་འགན་གཙང་ལེན་ནམ།

Duìhuà
对话 ཁ་བརྡ།

Láowù shìchǎng
劳务 市场

ངལ་ལས་ཁྲོམ་ར།

Zhāopìn rényuán: Nǐ huì zuò shénme gōngzuò?
招聘 人员：你 会 做 什么 工作 ？

གདན་ཞུ་བྱེད་མཁན། ཁྱེད་ཀྱིས་ལས་ཀ་གང་བྱེད་ཤེས་ཀྱི་ཡོད།

Luòsāng: Wǒ huì xiū shuǐdiàn.
洛 桑： 我 会 修 水电 。

བློ་བཟང་། ངས་ཆུ་གློག་བཟོ་ཤེས་ཀྱི་ཡོད།

Zhāopìn rényuán: Wǒmen zhèr bù zhāo shuǐdiàngōng.
招聘 人员： 我们 这儿 不 招 水电工 。

གདན་ཞུ་བྱེད་མཁན། ང་ཚོའི་འདིར་ཆུ་གློག་བཟོ་པ་བསྡུ་ཡི་མེད།

Luòsāng: Nà nín zhèr zhāo bānyùngōng ma?
洛 桑： 那 您 这儿 招 搬运工 吗？

བློ་བཟང་། ཁྱེད་ཀྱིས་དཔོར་འདྲེན་ལས་མི་བསྡུ་ཡི་ཡོད་དམ།

Zhāopìn rényuán: Zhāo.
招聘 人员： 招 。

གདན་ཞུ་བྱེད་མཁན། བསྡུ་ཡི་ཡོད།

Luòsāng: Gōngqián zěnme suàn?
洛 桑： 工钱 怎么 算？

བློ་བཟང་། གླ་ཕོགས་གང་འདྲ་བརྩིས་ནས།

Zhāopìn rényuán: Yì tiān liǎngbǎi, yí yuè yì jiē.
招聘 人员：一 天 两百，一 月 一 结。

གདན་ཞུ་བྱེད་མཁན། ཉིན་རེར་སྒོར་གཉིས་བརྒྱ། ཟླ་རེར་སྒོམ་རྩིས་གཅིག་རེ་བྱེད།

Luòsāng: Bāo chī zhù ma?
洛 桑：包 吃 住 吗？

བློ་བཟང་། ཟས་སྡོད་འགན་གཙང་ལེན་ནམ།

Zhāopìn rényuán: Guǎn yí dùn wǔfàn, bù bāo zhù.
招聘 人员：管 一 顿 午饭，不 包 住。

གདན་ཞུ་བྱེད་མཁན། དགོང་ཟས་གཅིག་ཡོད་རེད། སྡོད་ཁང་འགན་གཙང་མི་བྱེད།

1. zhēnxiànhuó	针线活	འཚེམ་ལས།
2. tǐlìhuó	体力活	ལེད་ཤུགས་ལས་ཀ།
3. jìshùhuó	技术活	ལག་རྩལ་ལས་ཀ།
4. nónghuó	农活	ཞིང་ལས།
4. shǒugōng	手工	ལག་བཟོ།
5. jiǎngjīn	奖金	བྱ་དགའ།

HànYǔ PīnYīn Fāng'àn
汉语 拼音 方案 རྒྱ་ཡིག་སྒྲ་སྦྱོར་ཐུས་གཞི།

ZìMǔBiǎo
字母表
གསལ་བྱེད་རེའུ་མིག

Aa Bb Cc Dd Ee Ff Gg

Hh Ii Jj Kk Ll Mm Nn

Oo Pp Qq Rr Ss Tt

Uu Vv Ww Xx Yy Zz

10 Zhǎo GōngZuò (ShúRén JièShào)
找 工作（熟人 介绍）
ལས་ཀ་འཚོལ་བ། （ངོ་ཤེས་ཀྱི་མཚམས་སྦྱོར། ）

Héxīn Jùxíng 核心 句型 བརྗོད་རྣམ་གཙོ་བོ།

Nǐ zài nǎr gōngzuò?
1. 你 在 哪儿 工作 ?
ཁྱེད་རང་ག་པར་ལས་ཀ་བྱེད་ཀྱི་ཡོད།

Gōngzī zěnmeyàng?
2. 工资 怎么样 ?
གླ་ཕོགས་གང་འདྲ་འདུག

Nǐ nàr hái zhāo rén ma?
3. 你 那儿 还 招 人 吗?
ཁྱེད་ཀྱིས་ད་དུང་མི་བསྡུ་ཡི་ཡོད་དམ།

Néng bāng wǒ jièshào yí fèn gōngzuò ma?
4. 能 帮 我 介绍 一 份 工作 吗?
ང་ལ་ལས་ཀ་ཞིག་མཚམས་སྦྱོར་བྱས་ན་འགྲིག་གམ།

Wǒ bāng nǐ wènwen ba.
5. 我 帮 你 问问 吧。
ངས་ཁྱོད་ལ་འདྲི་རྟོགས་བྱས་ཆོག

Duìhuà 对话 ཁ་བརྡ།

Luòsāng: Nǐ zài nǎr gōngzuò?
洛 桑：你 在 哪儿 工作 ?
བློ་བཟང་། ཁྱེད་རང་ག་པར་ལས་ཀ་བྱེད་ཀྱི་ཡོད།

Zhào Míng: Wǒ zài zhìxiéchǎng.
赵 明：我 在 制鞋厂 。
ཀྲའོ་མིང་། ང་ལྷམ་བཟོ་གྲྭར་ལས་ཀ་བྱེད་ཀྱི་ཡོད།

Luòsāng: Nǐ de gōngzī zěnmeyàng?
洛 桑：你 的 工资 怎么样？

བློ་བཟང་། ཁྱེད་ཀྱི་གླ་ཕོགས་གང་འདྲ་འདུག

Zhào Míng: Hái kěyǐ.
赵 明：还 可以。

ཀྲའོ་མིང་། ཡག་པོ་འདུག

Luòsāng: Nǐ nàr hái zhāorén ma?
洛 桑：你 那儿 还 招人 吗？

བློ་བཟང་། ཁྱེད་ཀྱིས་ད་དུང་མི་བསྡུ་ཡི་ཡོད་དམ།

Zhào Míng: Mùqián méi zhāo.
赵 明：目前 没 招。

ཀྲའོ་མིང་། མིག་སྔར་བསྡུ་ཡི་མེད།

Luòsāng: Néng bāng wǒ jièshào yí fèn gōngzuò ma?
洛 桑： 能 帮 我 介绍 一 份 工作 吗？

བློ་བཟང་། ང་ལ་ལས་ཀ་ཞིག་མཚམས་སྦྱོར་བྱས་ན་འགྲིག་གམ།

Zhào Míng: Wǒ bāng nǐ wènwen ba.
赵 明： 我 帮 你 问问 吧。

ཀྲའོ་མིང་། ངས་ཁྱོད་ལ་འདྲི་རོགས་བྱས་ཆོག

Luòsāng: Máfan nǐ le.
洛 桑： 麻烦 你 了。

བློ་བཟང་། ཐུགས་སུན་བཟོས་སོང་།

Tuòzhǎn Cíhuì
拓展 词汇 མིང་ཚིག་རྒྱ་སྐྱེད།

1. shítáng	食堂	ཟ་ཁང་།
2. gōngdì	工地	ལས་ཡུལ།
3. shípǐnchǎng	食品厂	བཟའ་བཅའ་བཟོ་གྲྭ།
4. jīxièchǎng	机械厂	འཕྲུལ་ཆས་བཟོ་གྲྭ།
5. fúzhuāngchǎng	服装厂	གྱོན་ཆས་བཟོ་གྲྭ།
6. wánjùchǎng	玩具厂	རྩེད་ཆས་བཟོ་གྲྭ།
7. zhībùchǎng	织布厂	རས་བཟོ་གྲྭ།
8. yǐnliàochǎng	饮料厂	འཐུང་བྱ་བཟོ་གྲྭ།
9. jiǔchǎng	酒厂	ཨར་རག་བཟོ་གྲྭ།

[附]

HànZì De BǐHuà
汉字 的 笔画 རྒྱ་ཡིག་གི་པིར་རིས།

Bǐhuà shì gòuchéng hànzì zìxíng zuì xiǎo de diǎn huò xiàn, tōngcháng
笔画 是 构成 汉字 字形 最 小 的 点 或 线， 通常
lái shuō, cóng qǐ bǐ dào shōu bǐ, jiàozuò yìbǐ huò yíhuà bǐrú:
来 说， 从 起 笔 到 收 笔， 叫做 一笔 或 一画， 比如：
héng shù piě diǎn děng.
横（一）、竖（丨）、撇（丿）、点（丶）等。

པིར་རིས་ནི་རྒྱ་ཡིག་གི་གྲུབ་ཆ་ཆུང་ཤོས་རེད་ལ། སྤྱིར་ན། འབྲི་འགོ་ཚུགས་པ་ནས་འབྲི་མཚམས་འཇོག་པ་བར་ལ་པིར་རིས་གཅིག་ཟེར།

Jīběn Bǐhuà
基本 笔画
གཞི་རྩའི་པིར་རིས།

bǐhuà 笔画 པིར་རིས།	bǐhuà míngchēng 笔画 名称 པིར་རིས་ཀྱི་མིང་།	lìzì 例字 དཔེ།
一	héng 横	èr sān 二 三
丨	shù 竖	shí gān 十 干
丿	piě 撇	cái chǎng 才 厂
㇏	nà 捺	bā rén 八 人
丶	diǎn 点	yán liù 言 六
㇀	tí 提	liáng bǎ 凉 把

Fùhé Bǐhuà

复合 笔画

མཉམ་འདུས་པིར་རིས།

bǐhuà 笔画 པིར་རིས།	bǐhuà míngchēng 笔画 名称 པིར་རིས་ཀྱི་མིང་།	lìzì 例字 དཔེ།
㇖	hénggōu 横钩	xiě nǐ 写 你
㇚	shùgōu 竖钩	cái kě 才 可
㇕	héngzhé 横折	kǒu shū 口 书
㇗	shùzhé 竖折	qū chū 区 出
㇜	piězhé 撇折	gōng me 公 么
㇛	piědiǎn 撇点	nǚ hǎo 女 好
㇙	shùtí 竖提	mín yǐ 民 以
㇟	shùwāngōu 竖弯钩	qī diàn 七 电
㇆	héngzhégōu 横折钩	yuè xí 月 习

Liàn Yi Liàn
练一练 སྦྱོངས་དང་།

一

丨

丿

㇏

丶

㇀

㇖

亅

㇕

㇄

㇜

㇛

㇙

㇟

㇆

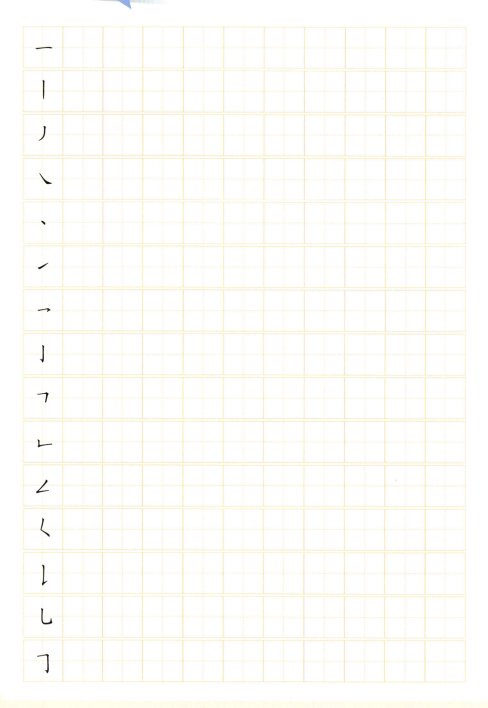

11 MiànShì 面试 ངོ་རྒྱུགས།

Héxīn Jùxíng 核心 句型 བརྗོད་ཚུལ་གཙོ་བོ།

Qǐng zìwǒ jièshào yí xià.
1. 请 自我 介绍 一下。
སྔོན་ལ་རང་ཉིད་ངོ་སྤྲོད་གནང་དང་།

Yǒu shìyòngqī ma?
2. 有 试用期 吗？
ལས་ཚོད་ལྟ་བའི་དུས་ཡུན་ཡོད་དམ།

Shénme shíhou kěyǐ zhīdào miànshì jiéguǒ?
3. 什么 时候 可以 知道 面试 结果？
ག་དུས་ངོ་རྒྱུགས་ཀྱི་མཇུག་འབྲས་ཤེས་ཐུབ་ཀྱི་རེད།

Gōngxǐ nǐ tōngguò miànshì.
4. 恭喜 你 通过 面试 。
ཁྱེད་རང་ངོ་རྒྱུགས་འཕྲོད་པར་རྟེན་འབྲེལ་ཞུ།

Míngtiān lái shàngbān.
5. 明天 来 上班 。
སང་ཉིན་ལས་ཀར་ཤོག

Duìhuà 对话 ཁ་བརྡ།

Miànshì shí 面试 时 ངོ་རྒྱུགས་སྐབས་སུ།

Miànshìguān: Qǐng zìwǒ jièshào yí xià.
面试官： 请 自我 介绍 一下。
ངོ་རྒྱུགས་དཔོན། སྔོན་ལ་རང་ཉིད་ངོ་སྤྲོད་གནང་དང་།

Luòsāng: Wǒ jiào Luòsāng, shì Xīzàng rén, jīnnián sānshí le.
洛 桑：我 叫 洛桑，是 西藏 人，今年 三十 了。

བློ་བཟང་། ངའི་མིང་ལ་བློ་བཟང་ཟེར། བོད་ལྗོངས་མི་ཡིན། ད་ལོ་ལོ་བཞི་ཅུ་ཡིན།

Miànshìguān: Yǐqián dōu zuò guò shénme?
面试官： 以前 都 做 过 什么？

ངོ་རྒྱུགས་དཔོན། དེ་སྔ་ལས་ཀ་ག་རེ་བྱེད་མྱོང་ཡོད།

Luòsāng: Wǒ zuò guò níwǎgōng.
洛 桑：我 做 过 泥瓦工。

བློ་བཟང་། ང་ཨར་པོ་བ་བྱེད་མྱོང་ཡོད།

Miànshìguān: Nǐ yǒu shénme xiǎng wèn de ma?
面试官： 你 有 什么 想 问 的 吗？

ངོ་རྒྱུགས་དཔོན། ཁྱེད་ཀྱིས་འདྲི་འདོད་པའི་དྲི་བ་ཡོད་དམ།

Luòsāng: Nín zhèr yǒu shìyòngqī ma?
洛 桑：您 这儿 有 试用期 吗？

བློ་བཟང་། ཁྱེད་ཀྱི་འདིར་ལས་ཚོད་ལྟ་བའི་དུས་ཡུན་ཡོད་དམ།

Miànshìguān: Yǒude.
面试官： 有的。

ངོ་རྒྱུགས་དཔོན། ཡོད་རེད།

Luòsāng: Shénme shíhou néng zhīdào jiéguǒ?
洛 桑： 什么 时候 能 知道 结果?

བློ་བཟང་། ག་དུས་མཇུག་འབྲས་ཧ་གོ་གི་རེད།

Miànshìguān: Míngtiān děng diànhuà tōngzhī.
面试官： 明天 等 电话 通知。

ངོ་རྒྱུགས་དཔོན། སང་ཉིན་ཁ་པར་གྱི་བརྡ་ཐོ་སྒུགས་དང་།

Dì-èr tiān
第二 天

ཉིན་གཉིས་པར།

Miànshìguān: Qǐngwèn, shì Luòsāng ma?
面试官： 请问，是 洛 桑 吗?

ངོ་རྒྱུགས་དཔོན། བཀའ་འདྲི་ཞུ་རྒྱུར། བློ་བཟང་ཡིན་ནམ།

Luòsāng: Shìde.
洛 桑： 是的。

བློ་བཟང་། ཡིན།

Miànshìguān: Gōngxǐ nǐ tōngguò miànshì.
面试官： 恭喜 你 通过 面试。

ངོ་རྒྱུགས་དཔོན། ཁྱེད་རང་ངོ་རྒྱུགས་འཕྲོད་པར་རྟེན་འབྲེལ་ཞུ།

Luòsāng: Shífēn gǎnxiè
洛 桑： 十分 感谢!

བློ་བཟང་། བཀའ་དྲིན་ཆེ།

Miànshìguān: Míngtiān jiù kěyǐ lái shàngbān le.
面试官： 明天 就 可以 来 上班 了。

ངོ་རྒྱུགས་དཔོན། སང་ཉིན་ནས་ལས་ཀར་ཡོང་ན་ཆོག

Luòsāng: Hǎo de.
洛 桑： 好 的。

བློ་བཟང་། ལགས་སོ།

1. liǎngbānzhì	两班制	ལས་དུས་གཉིས་ཀྱི་ལམ་ལུགས།
2. báibān	白班	ཉིན་ལས།
3. yèbān	夜班	མཚན་ལས།
4. chángbáibān	长白班	ཉིན་ལས་རིང་མོ།
5. rìxīn	日薪	ཉིན་གླ།
6. yīliáo bǎoxiǎn	医疗 保险	སྨན་བཅོས་འགན་བཅོལ།
7. gōngshāng bǎoxiǎn	工伤 保险	ལས་རྨས་འགན་བཅོལ།
8. fúlì	福利	ཕན་བདེ།
9. péixùn	培训	སྦྱོང་བརྡར།

HànZì De PiānPáng
汉字 的 偏旁 རྒྱ་ཡིག་གི་གཞོགས་ཆ།

Piānpáng tōngcháng fēnwéi biǎoshì shēngyīn de shēngpáng hé biǎoshì yì
偏旁 通常 分为 表示 声音 的 声旁 和 表示 意

yì de xíngpáng liǎng lèi , xíngpáng yòu chēngwéi bùshǒu .
义 的 形旁 两 类，形旁 又 称为 部首。

སྤྱིར་ན། གཞོགས་ཆར་དབྱེ་བ་གཉིས་ཡོད་པ་སྟེ། སྒྲ་མཚོན་པའི་སྒྲ་མཚོན་གཞོགས་ཆ་དང་གོ་དོན་མཚོན་པའི་དོན་མཚོན་གཞོགས་ཆའོ། དོན་མཚོན་གཞོགས་ཆ་ལ་ཡིག་སྡེ་ཡང་ཟེར།

piān páng 偏旁 གཞོགས་ཆ།	míngchēng 名称 མིང་།	lìzì 例字 དཔེར་བརྗོད།		
扌	tíshǒupáng 提手旁	dǎ 打	zhāo 招	bō 拨
辶	zǒuzhīr 走之儿	tōng 通	jìn 近	hái 还
亻	dānlìrén 单立人	nǐ 你	wèi 位	zhù 住
彳	shuānglìrén 双立人	hěn 很	wǎng 往	dài 待
讠	yánzìpáng 言字旁	huà 话	yǔ 语	rèn 认
刂	lìdāopáng 立刀旁	liè 列	zhì 制	dào 到
冫	liǎngdiǎnshuǐ 两点水	liáng 凉	cì 次	kuàng 况
氵	sāndiǎnshuǐ 三点水	qīng 清	ní 泥	tāng 汤
钅	jīnzìpáng 金字旁	zhōng 钟	qián 钱	yín 银
艹	cǎozìtóu 草字头	láo 劳	jié 节	cài 菜
阝	shuāngěrpáng 双耳旁	bù 部	nà 那	yuàn 院
忄	shùxīnpáng 竖心旁	kuài 快	qíng 情	máng 忙
宀	bǎogàir 宝盖儿	shí 实	shì 室	zì 字

练一练 སྦྱོངས་དང་།

亻										
讠										
刂										
阝										
冫										
氵										
彳										
忄										
艹										
扌										
辶										
宀										
钅										

12 RùZhí 入职 ལས་ཞུགས།

Héxīn Jùxíng 核心 句型 བརྗོད་ཚུལ་གཙོ་བོ།

Qǐng wèn, zěnme bànlǐ rùzhí shǒuxù?
1. 请 问，怎么 办理 入职 手续？
བཀའ་འདྲི་ཞུ་རྒྱུར། ལས་ཞུགས་འགྲོ་ལུགས་ཇི་ལྟར་སྤྲེལ་དགོས།

Nǐ qù yínháng bàn yì zhāng gōngzīkǎ.
2. 你 去 银行 办 一张 工资卡。
ཁྱེད་རང་དངུལ་ཁང་དུ་ཕྱིན་ནས་གླ་ཕོགས་ཀཱ་ཞིག་བཟོ་དགོས།

Zài nǎr qiān láodòng hétóng?
3. 在 哪儿 签 劳动 合同？
ངལ་རྩོལ་གན་རྒྱ་ག་ནས་འཇོག་དགོས།

Qù yīyuàn zuò rùzhí tǐjiǎn.
4. 去 医院 做 入职 体检。
སྨན་ཁང་དུ་ཕྱིན་ནས་ལས་ཞུགས་ལུས་བརྟེར་བྱེད་པ།

Bù dǒng de kěyǐ wèn Xiǎozhāng.
5. 不 懂 的 可以 问 小张。
ཧ་མི་གོ་ཚེ་ཞའོ་ཀྲང་ལ་དྲིས་ན་ཆོག

Duìhuà 对话 ཁ་བརྡ།

Luòsāng: Qǐng wèn, zěnme bànlǐ rùzhí shǒuxù?
洛 桑：请 问，怎么 办理 入职 手续？

བློ་བཟང་། བཀའ་འདྲི་ཞུ་རྒྱུར། ལས་ཞུགས་འགྲོ་ལུགས་ཇི་ལྟར་སྤྲེལ་དགོས།

Zǔzhǎng: Xiān qù qiān láodòng hétóng.
组长： 先 去 签 劳动 合同。

ཚུའུ་ཀྲང་། སྔོན་ལ་ངལ་རྩོལ་གན་རྒྱ་འཇོག་པར་སོང་དང་།

Luòsāng: Zài nǎr qiān láodòng hétóng?
洛 桑：在 哪儿 签 劳动 合同？

བློ་བཟང་། ངལ་རྩོལ་གན་རྒྱ་ག་ནས་འཛོག་དགོས།

Zǔzhǎng: Zài èrlóu rénshìbù.
组长： 在 二楼 人事部。

བློ་བཟང་། ཐོག་ས་གཉིས་པའི་མི་དོན་ཕྱུ།

Luòsāng: Hái xūyào bàn shénme ma?
洛 桑：还 需要 办 什么 吗？

བློ་བཟང་། ད་དུང་ག་རེ་ལས་གཉེར་བྱེད་དགོས།

Zǔzhǎng: Zài qù yīyuàn zuò rùzhí tǐjiǎn.
组长： 再 去 医院 做 入职 体检。

ཚུའུ་ཀྲང་། སྨན་ཁང་དུ་ཕྱིན་ནས་ལས་ཞུགས་ལུས་བརྗེར་བྱེད་དགོས།

Luòsāng: Hǎo de.
洛 桑：好 的。

བློ་བཟང་། ལགས་སོ།

Zǔzhǎng: Yǒu bù dǒng de kěyǐ wèn Xiǎozhāng.
组长： 有 不 懂 的 可以 问 小张 。

ཚོའུ་ཀྲང་། ད་མི་གོ་བ་ཡོད་ཚེ་ཞའོ་ཀྲང་ལ་དྲིས་ན་ཆོག

Xiǎozhāng: nǐ hái děi qù yínháng bàn zhāng gōngzīkǎ.
小张： 你 还 得 去 银行 办 张 工资卡。

ཞའོ་ཀྲང་། ཁྱེད་རང་དངུལ་ཁང་དུ་ཕྱིན་ནས་ གླ་ཕོགས་ཀ་ཤིག་བཟོ་དགོས།

Luòsāng: Hǎo de, xièxie nǐ.
洛 桑： 好 的，谢谢 你。

བློ་བཟང་། ལགས་སོ། བཀའ་དྲིན་ཆེ།

Tuòzhǎn Cíhuì
拓展 词汇 མིང་ཚིག་རྒྱ་སྐྱེད།

1. lǐngdǎo	领导	འགོ་ཁྲིད།
2. lízhí	离职	ལས་བྲལ།
3. cáiwùbù	财务部	ནོར་དོན་ཕྱུའུ།
4. yuángōngzhèng	员工证	ལས་མིའི་ལག་ཁྱེར།
5. qiántái	前台	མདུན་སྟེགས།
6. gōngzuò chējiān	工作 车间	ལས་སྒྲུབ་འཁོར་ཁང་།
7. shuǐkǎ	水卡	ཆུའི་ཀ
8. fànkǎ	饭卡	ཁ་ལག་ཀ

HànZì De BǐShùn
汉字 的 笔顺 རྒྱ་ཡིག་གི་པིར་རིམ།

Bǐshùn shì zhǐ hànzì bǐhuà de shūxiě xiānhòu shùnxù. Měi yí gè
笔顺 是 指 汉字 笔画 的 书写 先后 顺序。每 一 个
hànzì de shūxiě dōu yào zūnshǒu bǐshùn guīzé, zhǐyǒu ànzhào bǐshùn qù xiě
汉字 的 书写 都 要 遵守 笔顺 规则，只有 按照 笔顺 去 写
hànzì, cái néng xiě de yòu kuài yòu měiguān.
汉字，才 能 写 得 又 快 又 美观。

པིར་རིམ་ནི་རྒྱ་ཡིག་འབྲི་བའི་སྔ་རྗེས་གོ་རིམ་ཞིག་རེད། རྒྱ་ཡིག་གང་རུང་ཞིག་འབྲི་སྐབས་པིར་རིམ་སྒྲིག་སྲོལ་སྲུང་དགོས་པ་དང་། པིར་རིམ་ལྟར་རྒྱ་ཡིག་བྲིས་ན། མགྱོགས་ལ་ལྟ་ན་སྡུག་པ་ཡོང་སྲིད།

Liàn Yi Liàn
练 一 练 སྦྱོངས་དང་།

xiān héng hòu shù
先 横 后 竖
སྔོན་འཐེན་རྗེས་གཞུང་།

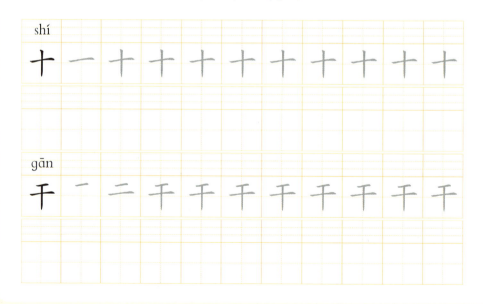

shí										
十	一	十	十	十	十	十	十	十	十	十

gān										
干	一	二	干	干	干	干	干	干	干	干

fēng										
丰	一	二	三	丰	丰	丰	丰	丰	丰	丰

先 撇 后 捺

སྔོན་སྐྱུང་རྗེས་གསེས།

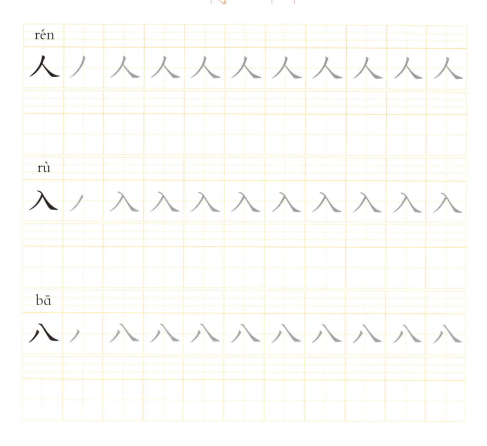

rén										
人	丿	人	人	人	人	人	人	人	人	人

rù										
入	丿	入	入	入	入	入	入	入	入	入

bā										
八	丿	八	八	八	八	八	八	八	八	八

cóng shàng dào xià
从 上 到 下
སྟེང་ནས་འོག

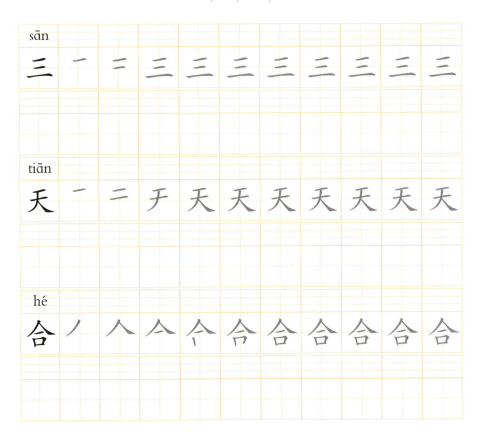

sān										
三	一	二	三	三	三	三	三	三	三	三
tiān										
天	一	二	チ	天	天	天	天	天	天	天
hé										
合	丿	人	亼	亽	合	合	合	合	合	合

cóng zuǒ dào yòu
从 左 到 右
གཡོན་ནས་གཡས།

chuān										
川	丿	丿丨	川	川	川	川	川	川	川	川

hàn

汉 丶 冫 氵 汈 汉 汉 汉 汉 汉 汉

shuāng

双 ㇇ 又 又㇇ 双 双 双 双 双 双 双

cóng wài dào nèi

从 外 到 内

ཕྱི་ནས་ནང་།

yuè

月 丿 ⺆ 月 月 月 月 月 月 月 月

tóng

同 丨 冂 冂 同 同 同 同 同 同 同

wèn

问　｀　丶　门　门　问　问　问　问　问　问

cóng wài dào nèi hòu fēngkǒu
从 外 到 内 后 封口

ཕྱི་ནས་ནང་། དེ་རྗེས་ཁ་བཀག

sì

四　丨　冂　刀　四　四　四　四　四　四

guó

国　丨　冂　冂　冈　用　国　国　国　国

rì

日　丨　冂　月　日　日　日　日　日　日

xiān zhōngjiān hòu liǎngbiān

先 中间 后 两边

སྔོན་དཀྱིལ་རྗེས་མཐའ།

xiǎo										
小	亅	亅丿	小	小	小	小	小	小	小	小
shuǐ										
水	亅	𠃌	水	水	水	水	水	水	水	水
bàn										
办	𠃍	力	力	办	办	办	办	办	办	办

13 QǐngJià 请假 དགོངས་ཞུ།

Héxīn Jùxíng 核心 句型 བརྗོད་རྣམ་གཙོ་བོ།

Wǒ míngtiān shàngwǔ bù néng qù shàngbān le.
1. 我 明天 上午 不 能 去 上班 了。
ང་སང་ཉིན་སྔ་དྲོ་ལས་ཀར་འགྲོ་ཐུབ་པ་མིན་འདུག

Hūnjià kěyǐ qǐng duō jiǔ?
2. 婚假 可以 请 多 久？
གཉེན་སྒྲིག་གུང་གསེང་ལ་ཉིན་ག་ཚོད་ཡོད་དམ།

Nǐ míngtiān néng bāng wǒ qǐng gè jià ma?
3. 你 明天 能 帮 我 请 个 假 吗？
སང་ཉིན་ཁྱེད་ཀྱིས་ང་ལ་དགོངས་པ་ཞུ་རོགས་བྱེད་ཐུབ་བམ།

Wǒ kěnéng wǎn dào bàn xiǎoshí.
4. 我 可能 晚 到 半 小时。
ང་ཕལ་ཆེར་ཕྱི་འབྱོར་ཆུ་ཚོད་ཕྱེད་ཀ་བྱེད་སྲིད།

Jiéjiàrì gōngzuò yǒu sān bèi gōngzī.
5. 节假日 工作 有 三 倍 工资。
དུས་ཆེན་དང་གུང་གསེང་སྐབས་ལས་ཀ་བྱས་ན་གླ་ཕོགས་ལྡབ་གསུམ་ཡོད།

Duìhuà 对话 ཁ་བརྡ།

Qǐng tóngshì bāngmáng qǐngjià
请 同事 帮忙 请假
ལས་གྲོགས་ལ་དགོངས་པ་ཞུ་རོགས་ཞུ་བ།

Luòsāng: Xiǎolǐ, nǐ míngtiān néng bāng wǒ qǐng gè jià ma?
洛 桑：小李，你 明天 能 帮 我 请 个 假 吗？
བློ་བཟང་། ཞའོ་ལི། སང་ཉིན་ཁྱེད་ཀྱིས་ང་ལ་དགོངས་པ་ཞུ་རོགས་བྱེད་ཐུབ་བམ།

Tóngshì: Nǐ zěnme le ?
同事：你 怎么 了？

ལས་གྲོགས། ཁྱེད་རང་གང་བྱས་སོང་།

Luòsāng: Wǒ míngtiān shàngwǔ děi qù yīyuàn, bù néng qù shàngbān le.
洛 桑：我 明天 上午 得 去 医院，不 能 去 上班 了。

བློ་བཟང་། ང་སང་ཉིན་སྔ་དྲོ་སྨན་ཁང་ལ་འགྲོ་དགོས་ཡོད་པས། ལས་ཀར་འགྲོ་ཐུབ་པ་མིན་འདུག

Tóngshì: Nà nǐ xiàwǔ hái lái ma?
同事： 那 你 下午 还 来 吗？

ལས་གྲོགས། ཁྱེད་རང་ཕྱི་དྲོ་ཡོང་མཁན་ཡིན་ནམ།

Luòsāng: Kěnéng děi wǎn dào bàn xiǎoshí.
洛 桑： 可能 得 晚 到 半 小时。

བློ་བཟང་། ཕལ་ཆེར་ཕྱི་འགྱོར་ཆུ་ཚོད་ཕྱེད་ཀ་བྱེད་སྲིད།

Tóngshì: Kěyǐ , méi wèntí .
同事：可以，没 问题。

ལས་གྲོགས། འགྲིག་གི་རེད། གནང་དག་མི་ཡོང་།

Luòsāng: Xièxie .
洛 桑： 谢谢。

བློ་བཟང་། ཐུགས་རྗེ་ཆེ།

Zīxún jīnglǐ xiǎng qǐngjià
咨询 经理 想 请假

ཅིང་ལི་ལགས་ལ་དགོངས་པ་ཞུ་བའི་སྐོར་འདྲི་བ།

Luòsāng: Jīnglǐ, hūnjià kěyǐ qǐng duō jiǔ?
洛 桑：经理，婚假 可以 请 多 久?

བློ་བཟང་། ཅིང་ལི་ལགས། གཉེན་སྒྲིག་གུང་གསེང་ལ་ཉིན་ག་ཚོད་ཡོད་དམ།

Jīnglǐ: Sān tiān.
经理：三 天。

ཅིང་ལི། ཉིན་གསུམ།

Luòsāng: Jiéjiàrì gōngzuò yǒu bǔtiē ma?
洛 桑：节假日 工作 有 补贴 吗?

བློ་བཟང་། དུས་ཆེན་དང་གུང་གསེང་སྐབས་ལས་ཀ་བྱས་ན་གསབ་དཔྱལ་ཡོད་དམ།

Jīnglǐ: Jiéjiàrì gōngzuò yǒu sān bèi gōngzī.
经理：节假日 工作 有 三 倍 工资。

ཅིང་ལི། དུས་ཆེན་དང་གུང་གསེང་སྐབས་ལས་ཀ་བྱས་ན་གླ་ཕོགས་ལྡབ་གསུམ་ཡོད།

Luòsāng: Hǎo de, xièxie jīnglǐ.
洛 桑：好 的，谢谢 经理。

བློ་བཟང་། ལགས་སོ། ཅིང་ལི་ལགས་ཐུགས་རྗེ་ཆེ།

1. bìngjià	病假	ནད་དགོངས།
2. chǎnjià	产假	སྐྱེ་མའི་གུང་གསེང་།
3. shēnqǐng	申请	རེ་ཞུ།
4. chángjià	长假	ཡུན་རིང་།
5. duǎnjià	短假	ཡུན་ཐུང་།
6. gāowēnjià	高温假	ཚ་ཚད་མཐོ་བའི་གུང་གསེང་།
7. shuāngxiūrì	双休日	ངལ་གསོའི་ཉིན་ཟུང་།
8. rénshìbù	人事部	མི་དོན་ཕུའུ།
9. gōngxiū	公休	གུང་གསེང་ངལ་གསོ།

CíHuì Jí

词汇集 ཚིག་ཚོགས།

Qīnshǔ Chēngwèi 亲属 称谓 སྤུན་མཆེད་ཀྱི་འབོད་ལུགས།

yéye 爷爷 སྤོ་བོ།	nǎinai 奶奶 རྨོ་བོ།	lǎolao 姥姥 མ་ཕྱི།	lǎoye 姥爷 མ་མེས།
bàba 爸爸 ཨ་ཕ།	māma 妈妈 ཨ་མ།	bóbo 伯伯 ཨ་ཁུ།	bómǔ 伯母 ཨ་ཞང་གི་ཆུང་མ།
shūshu 叔叔 ཨ་ཁུ།	shěnzi 婶子 ཨ་ནེ།	gūgu 姑姑 ཨ་ནེ།	gūfu 姑父 ཚ་ཞང་།
yífu 姨父 ཞང་མག	yímā 姨妈 སྲུ་མོ།	jiùjiu 舅舅 ཞང་ཞང་།	jiùmā 舅妈 ཞང་བཟའ།
gēge 哥哥 གཅེན་པོ།	sǎozi 嫂子 གཅེན་པོའི་བཟའ་ཟླ།	jiějie 姐姐 གཅེན་མོ།	jiěfu 姐夫 གཅེན་མོའི་བཟའ་ཟླ།
dìdi 弟弟 གཅུང་པོ།	dìxí 弟媳 གཅུང་པོའི་བཟའ་ཟླ།	mèimei 妹妹 གཅུང་མོ།	mèifu 妹夫 གཅུང་མོའི་བཟའ་ཟླ།
érzi 儿子 བུ།	érxí 儿媳 བུའི་བཟའ་ཟླ།	nǚ'ér 女儿 བུ་མོ།	nǚxu 女婿 བུ་མོའི་བཟའ་ཟླ།
sūnzi 孙子 བུའི་བུ།	sūnnǚ 孙女 བུའི་བུ་མོ།	gōnggong 公公 སྒྱུག་པོ།	pópo 婆婆 སྒྱུག་མོ།
yuèfù 岳父 གྱོས་པོ།	yuèmǔ 岳母 གྱོས་མོ།		

HànZì De JiéGòu
汉字 的 结构 རྒྱ་ཡིག་གི་སྒྲུབ་ཚུལ།

Hànzì de jiégòu jīběn kěyǐ fēnwéi sān zhǒng: shàngxià jiégòu、zuǒyòu
汉字 的 结构 基本 可以 分为 三 种 ： 上下 结构、左右
jiégòu hé bāowéi jiégòu, jué dàduōshù hànzì shǔyú shàngxià jiégòu hé zuǒyòu
结构 和 包围 结构，绝 大多数 汉字 属于 上下 结构 和 左右
jiégòu .
结构。

སྤྱིར་ན། རྒྱ་ཡིག་གི་སྒྲུབ་ཚུལ་ཁག་གསུམ་ལ་དབྱེ་ཆོག་པ་སྟེ། གོང་འོག་དང་། གཡས་གཡོན། མཐའ་སྐོར་བཅས་ཡིན། སྒྲུབ་ཚུལ་མང་ཆེ་བ་ནི་གོང་འོག་སྒྲུབ་ཚུལ་དང་གཡས་གཡོན་སྒྲུབ་ཚུལ་རེད།

Liàn Yi Liàn
练 一 练 སྦྱོང་དང་།

zuǒyòu jiégòu
左右 结构
གཡས་གཡོན་སྒྲིག་གཞི།

míng
明 明 明 明 明 明 明 明 明 明 明

xiū
休 休 休 休 休 休 休 休 休 休 休

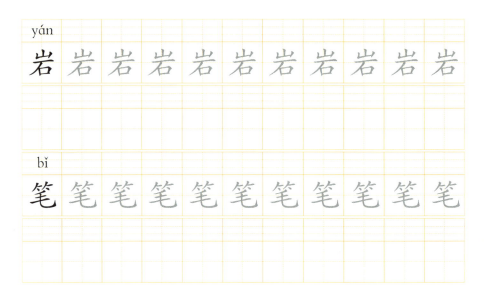

shàngxià jiégòu

上下 结构

སྟེང་འོག་སྒྲིག་གཞི།

yán										
岩	岩	岩	岩	岩	岩	岩	岩	岩	岩	岩

bǐ										
笔	笔	笔	笔	笔	笔	笔	笔	笔	笔	笔

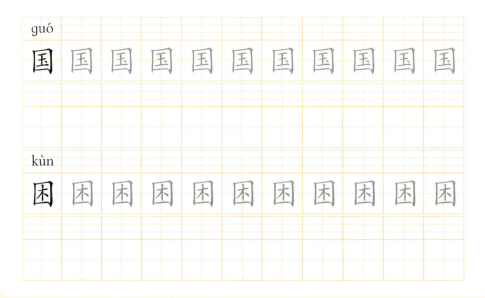

bāowéi jiégòu

包围 结构

མཐའ་སྐོར་སྒྲིག་གཞི།

guó										
国	国	国	国	国	国	国	国	国	国	国

kùn										
困	困	困	困	困	困	困	困	困	困	困

14 CíZhí 辞职 ལས་ཁུར་དགོངས་ཞུ།

Héxīn Jùxíng 核心 句型 བརྗོད་རྣམ་གཙོ་བོ།

Wǒ chūnjié hòu bù huílái shàngbān le.
1. 我 春节 后 不 回来 上班 了。
ང་དབྱིད་གསར་དུས་ཆེན་རྗེས་ལ་ལས་ཀར་ཡོང་གི་མིན།

Nǐ yào bú yào zài xiǎng yí xià.
2. 你 要 不 要 再 想 一 下。
ཁྱེད་རང་ད་དུང་བསམ་བློ་ཏོག་ཙམ་ཐོངས་དང་།

Wǒ yào huíjiā zhàogù xiǎoháir.
3. 我 要 回家 照顾 小孩儿。
ང་ནང་ལ་ལོག་ནས་ཕྲུ་གུ་ལྟ་སྐྱོང་བྱེད་དགོས།

Huānyíng nín qù wǒ de jiāxiāng.
4. 欢迎 您 去 我 的 家乡。
སྐུ་ཉིད་ང་ཚོའི་ཕ་ཡུལ་ལ་ཕེབས་པར་དགའ་བསུ་ཞུ།

Xīwàng yǒu jīhuì zài jiànmiàn.
5. 希望 有 机会 再 见面。
བསྐྱར་དུ་མཇལ་བའི་གོ་སྐབས་ཡོད་པའི་རེ་བ་ཞུ།

Duìhuà 对话 ཁ་བརྡ།

Luòsāng: Jīnglǐ, wǒ chūnjié hòu bù huílái shàngbān le.
洛 桑：经理，我 春节 后 不 回来 上班 了。
བློ་བཟང་། ཅིང་ལི་ལགས། ང་དབྱིད་གསར་དུས་ཆེན་རྗེས་ལ་ལས་ཀར་ཡོང་གི་མིན།

Jīnglǐ: Wèishénme ne?
经理： 为什么 呢？
ཅིང་ལི། རྒྱུ་མཚན་གང་ཡིན།

Luòsāng: Wǒ yào huíjiā zhàogù xiǎoháir.
洛 桑： 我 要 回家 照顾 小孩儿。

བློ་བཟང་། ང་ནང་ལ་ལོག་ནས་ཕྲུ་གུ་ལྟ་སྐྱོང་བྱེད་དགོས།

Jīnglǐ: Nà nǐ dǎsuàn shénme shíhou zǒu?
经理：那 你 打算 什么 时候 走？

ཅིང་ལི། ཁྱེད་རང་ག་དུས་ལོག་རྩིས་ཡོད་དམ།

Luòsāng: Xià gè yuè.
洛 桑： 下 个 月。

བློ་བཟང་། ཟླ་བ་རྗེས་མ།

Jīnglǐ: Xīwàng yǒu jīhuì zài jiànmiàn.
经理： 希望 有 机会 再 见面 。

ཅིང་ལི། བསྐྱར་དུ་མཇལ་བའི་གོ་སྐབས་ཡོད་པའི་རེ་བ་ཞུ།

Luòsāng: Yídìng huì de. Huānyíng nín qù wǒ de jiāxiāng.
洛 桑： 一定 会 的。 欢迎 您 去 我 的 家乡。

བློ་བཟང་། གཏན་གཏན་འཕྲད་སྲིད། སྐུ་ཉིད་ང་ཚོའི་ཕ་ཡུལ་ལ་སླེབས་པར་དགའ་བསུ་ཞུ།

1. jìhuà	计划	འཆར་གཞི།
2. Zhōngqiūjié	中秋节	ཟླ་མཆོད་དུས་ཆེན།
3. Guóqìngjié	国庆节	རྒྱལ་སྟོན་དུས་ཆེན།
4. Yuándàn	元旦	ལོ་གསར།
5. Yuánxiāojié	元宵节	སྣང་ཞུའི་དུས་ཆེན།
6. Láodòngjié	劳动节	ངལ་རྩོལ་དུས་ཆེན།
7. Duānwǔjié	端午节	ཟླ་བའི་ཚེས་ལྔ།
8. Zànglìxīnnián	藏历新年	གནམ་ལོ་གསར་ཚེས།
9. kānhù	看护	ལྟ་སྐྱོང་།
10. zhàokàn	照看	ལྟ་རྟོག
11. lǎorén	老人	རྒན་པོ།
12. bìngrén	病人	ནད་པ།
13. zhǎngbèi	长辈	རྒན་རབས།

15 JiùCān 就餐 གསོལ་ཚིགས་བཞེས་པ།

Héxīn Jùxíng 核心 句型 བརྗོད་རྣམ་གཙོ་བོ།

1. Fúwùyuán, diǎn cān.
服务员，点 餐。
ཞབས་ཞུ་པ། ཚལ་མངགས་རོགས།

2. Qǐng wèn, dōu yǒu shénme cài?
请 问，都 有 什么 菜？
བཀའ་འདྲི་ཞུ་རྒྱུར། ཚལ་ག་རེ་ཡོད་རེད།

3. Jiézhàng.
结账。
རྩིས་རྒྱབ་དང་།

4. Wǒ yào dǎbāo zhègè cài.
我 要 打包 这个 菜。
ང་ཚལ་འདི་ཐུམ་རྒྱག་དགོས།

5. Máfan shàng cài kuài yìdiǎn.
麻烦 上 菜 快 一点。
ཚལ་མགྱོགས་ཙམ་བཟོ་རོགས་གནང་།

Duìhuà 对话 ཁ་བརྡ།

Zài wàimiàn cānguǎn chī fàn 在 外面 餐馆 吃 饭 ཟ་ཁང་དུ་ཁ་ལག་ཟ་བ།

Luòsāng: Fúwùyuán, diǎn cān.
洛 桑：服务员，点 餐。
བློ་བཟང་། ཞབས་ཞུ་པ། ཚལ་མངགས་རོགས།

Fúwùyuán: Yígòng jǐ wèi?
服务员： 一共 几 位？

ཞབས་ཞུ་པ། ཁྱོན་བསྡོམས་མི་ག་ཚོད་ཡོད་དམ།

Luòsāng: Sān wèi, dōu yǒu shénme cài?
洛 桑：三 位，都 有 什么 菜？

བློ་བཟང་། མི་གསུམ། ཚལ་གང་དག་ཡོད་དམ།

(Fúwùyuán bào le càimíng.)
（ 服务员 报 了 菜名 。）

(ཞབས་ཞུ་བས་ཚལ་མིང་བསྒྲགས་ཚར་བ་རེད།)

Luòsāng: Yí fèn fānqié jīdàn、yí fèn tǔdòusī 、yí fèn làjiāochǎoròu、sān wǎn mǐfàn hé yí fèn tāng.
洛 桑：一 份 番茄鸡蛋、一 份 土豆丝、一 份 辣椒炒肉 、三 碗 米饭 和 一 份 汤 。

བློ་བཟང་། ཀྲུ་མ་ཀྲུ་སྒོང་བརྔོས། ཞོག་ཁོག་སིལ་སིལ། སོ་ལོ་ཤ་བརྔོས། འབྲས་ཐོར་པ་གསུམ། ཐང་གཅིག

Fúwùyuán: Hǎo de, qǐng shāo děng.
服务员：好 的，请 稍 等 。

ཞབས་ཞུ་པ། ལགས་སོ། ཏོག་ཙམ་སྒུག་རོགས་གནང་།

Děngdài shíjiān tài jiǔ
等待 时间 太久

 སྒུག་ཡུན་རིང་དྲགས་པ།

Luòsāng: Máfan shàng cài kuài yìdiǎnr.
洛 桑：麻烦 上 菜 快 一点儿。

བློ་བཟང་། ཚལ་མགྱོགས་ཙམ་བཟོ་རོགས་གནང་།

Fúwùyuán: Hǎo de, wǒ qù cuī yí xià.
服务员：好 的，我 去 催 一 下。

ཞབས་ཞུ་པ། ལགས་སོ། ང་སྐུལ་མ་བཏང་ཆོག

Chī wán fàn
吃 完 饭

ཁ་ལག་ཟས་ཚར་རྗེས།

Luòsāng: Wǒ yào dǎbāo zhège cài.
洛 桑：我 要 打包 这个 菜。

བློ་བཟང་། ང་ཚལ་འདི་ཐུམ་རྒྱག་དགོས།

Fúwùyuán: Hǎo de.
服务员：好 的。

ཞབས་ཞུ་པ། ལགས་སོ།

Luòsāng: Jiézhàng.
洛 桑：结账 。

བློ་བཟང་། རྩིས་རྒྱབ་དང་།

Fúwùyuán: Yígòng sānshí kuài qián.
服务员：一共 30 块 钱。

ཞབས་ཞུ་པ། ཁྱོན་བསྡོམས་སྒོར་ 30 རེད་འདུག

1. tèsè	特色	ཁྱད་ཆོས།
2. hūncài	荤菜	ཤ་ཚལ།
3. sùcài	素菜	དཀར་ཚལ།
4. chǎofàn	炒饭	འབྲས་བརྔོས།
5. jiǎozi	饺子	ཆུ་མོག
6. húntun	馄饨	པི་ཤུ།
7. miàntiáo	面条	ཐེ་ཐུག
8. zhōu	粥	འབྲས་ཐུག
9. tāng	汤	ཐང་།
10. qīngcài	青菜	སྔོ་ཚལ།

CíHuì Jí
词汇集 ཚིག་ཚོགས།

Wèidào
味道
བྲོ་བ།

suān 酸 སྐྱུར།	tián 甜 མངར།	kǔ 苦 ཁ་བ།	là 辣 ཁ་ཚ་བ།
xián 咸 ཚྭ་ཁུ།	má 麻 སྦྲིར་བ།	xiān 鲜 གསོས་པ།	xiāng 香 ཞིམ་པ།

16 Gòu Wù 购物 ཉོ་སྒྲུབ།

Héxīn Jùxíng 核心 句型 བརྗོད་ཚུལ་གཙོ་བོ།

Zhèlǐ mài yīfu ma?
1. 这里 卖 衣服 吗?
འདི་ནས་གྱོན་གོས་འཚོང་གི་རེད་དམ།

Wǒ xiǎng mǎi jiàn yīfu.
2. 我 想 买 件 衣服。
ང་གྱོན་གོས་གཉིས་ཉོ་འདོད་འདུག

Yīfu fàng zài nǎr?
3. 衣服 放 在 哪儿?
གྱོན་གོས་ག་པར་འཇོག་དགོས།

Kěyǐ dǎzhé ma?
4. 可以 打折 吗?
གོང་གཅོག་གི་རེད་དམ།

Qù ménkǒu de shōuyíntái fù qián.
5. 去 门口 的 收银台 付 钱。
སྒོ་འགྲམ་གྱི་དངུལ་སྡུད་སྟེགས་བུར་དངུལ་སྤྲོད་རོགས།

Duìhuà 对话 ཁ་བརྡ།

Zài Chāoshì gòu wù 在 超市 购物
སྒོ་རྩེས་ཚོང་ཁང་ནས་ཉོ་སྒྲུབ་བྱེད་པ།

Luòsāng: Zhèli mài yīfu ma?
洛 桑：这里 卖 衣服 吗?
བློ་བཟང་། འདི་ནས་གྱོན་གོས་འཚོང་གི་རེད་དམ།

Dǎogòuyuán: Yǒu.
导购员： 有。

ཉོ་ཁྲིད་བྱེད་མཁན། ཡོད།

Luòsāng: Wǒ xiǎng mǎi jiàn yīfu.
洛 桑：我 想 买 件 衣服。

བློ་བཟང་། ང་གྱོན་གོས་གཉིས་ཉོ་འདོད་འདུག

Dǎogòuyuán: Nǐ yào mǎi shénmeyàng de?
导购员： 你 要 买 什么样 的？

ཉོ་ཁྲིད་བྱེད་མཁན། ཁྱེད་རང་གང་འདྲ་ཉོ་འདོད་འདུག

Luòsāng: Yǒu hóngsè de chènshān ma?
洛 桑：有 红色 的 衬衫 吗？

བློ་བཟང་། ནང་འཇམ་དམར་པོ་འདུག་གམ།

Dǎogòuyuán: Zhǐ shèng huángsè de le.
导购员： 只 剩 黄色 的 了。

ཉོ་ཁྲིད་བྱེད་མཁན། སེར་པོ་མ་གཏོགས་མིན་འདུག

Luòsāng: Nà jiù huángsè de ba. Duōshǎo qián?
洛 桑：那 就 黄色 的 吧。多少 钱？

བློ་བཟང་། སེར་པོ་དགོས། གོང་ག་ཚོད་རེད།

Dǎogòuyuán: èrshí.
导购员： 二十。

ཉོ་ཁྲིད་བྱེད་མཁན། ཉི་ཤུ།

Luòsāng: Kěyǐ dǎzhé ma?
洛 桑：可以 打折 吗？

བློ་བཟང་། གོང་གཅོག་གི་རེད་དམ།

Dǎogòuyuán: Yǐjīng dǎ guò zhé le.
导购员： 已经 打 过 折 了。

ཉོ་ཁྲིད་བྱེད་མཁན། གོང་བཅག་ཚར་བ་རེད།

Luòsāng: Qù nǎr fù qián?
洛 桑：去 哪儿 付 钱？

བློ་བཟང་། དངུལ་ག་པར་སྤྲོད་དགོས་རེད།

Dǎogòuyuán: Qù ménkǒu de shōuyíntái fù qián.
导购员： 去 门口 的 收银台 付 钱。

ཉོ་ཁྲིད་བྱེད་མཁན། སྒོ་འགྲམ་གྱི་དངུལ་སྡུད་སྟེགས་བུར་དངུལ་སྤྲོད་རོགས།

1. guō	锅	སླ་ང་།
2. wǎn	碗	ཕོར་པ།
3. pén	盆	གཞོང་པ།
4. tǒng	桶	ཟོམ།
5. sháozi	勺子	ཐོམ་བུ།
6. kuàizi	筷子	ཁེམ་བུ།
7. dāo	刀	གྲི།
8. kuān	宽	རྒྱ་ཆེ།
9. zhǎi	窄	རྒྱ་ཆུང་།
10. qīng	轻	ཡང་།
11. zhòng	重	ལྗིད།
12. cháng	长	རིང་།
13. duǎn	短	ཐུང་།
14. jǐn	紧	དམ།
15. sōng	松	ལྷོད།
16. xiǎo	小	ཆུང་།
17. zhōng	中	འབྲིང་།
18. dà	大	ཆེ།

CíHuì Jí
词汇集 ཚིག་ཚོགས།

Yánsè
颜色
ཚོས་གཞི།

hóngsè 红色 དམར་པོ།	chéngsè 橙色 ལི་མདོག	huángsè 黄色 སེར་པོ།	lǜsè 绿色 ལྗང་གུ
qīngsè 青色 མཐིང་མདོག	lánsè 蓝色 སྔོན་པོ།	zǐsè 紫色 རྒྱ་སྨུག	hēisè 黑色 ནག་པོ།
báisè 白色 དཀར་པོ།	fěnsè 粉色 ཟིང་སྐྱ།	zōngsè 棕色 ཁམ་མདོག	huīsè 灰色 ཐལ་མདོག

Shēnghuó Yòngpǐn
生活 用品
འཚོ་བའི་མཁོ་ཆས།

féizào 肥皂 ཕི་ཙི།	xiāngzào 香皂 སྤོས་ཆལ།	mùyùlù 沐浴露 ལུས་འཁྲུད་ཟིལ་ཆུ།	xǐfàlù 洗发露 སྐྲ་འཁྲུད་ཟིལ་ཆུ།
yáshuā 牙刷 སོ་བཀྲུ།	yágāo 牙膏 སོ་སྨན།	shūzi 梳子 སྐྲ་ཤད།	máojīn 毛巾 ཨ་ཆོར།
liàngyījià 晾衣架 གོས་གདང་།	wèishēngzhǐ 卫生纸 ཆབ་ཤོག	shuǐbēi 水杯 ཆུ་ཕོར།	kǒuzhào 口罩 ཁ་རས།
yǔsǎn 雨伞 ཆར་གདུགས།	tuōbǎ 拖把 རས་ཕྱགས།	sàozhou 扫帚 ཕྱགས་མ།	xǐyīfěn 洗衣粉 འཁྲུ་ཆས།

17 Mǎi Cài 买菜 ཚལ་ཉོ་བ།

Héxīn Jùxíng 核心 句型 བརྗོད་རྣམ་གཙོ་བོ།

Jīdàn zěnme mài de?
1. 鸡蛋 怎么 卖 的?
སྒོ་ང་གང་འདྲ་བཙོང་གི་ཡོད་རེད།

Néng zài piányi diǎnr ma?
2. 能 再 便宜 点儿 吗?
ད་དུང་ཁེ་ཙམ་གནང་དང་།

Gěi wǒ tiāo dà diǎnr de.
3. 给 我 挑 大 点儿 的。
ང་ལ་ཆེ་ཙམ་འདེམས་རོགས་གནང་།

Wǒ yào shí kuài qián de jīdàn.
4. 我 要 十 块 钱 的 鸡蛋。
ང་ལ་སྒོར་བཅུའི་སྒོ་ང་དགོས་ཡོད།

Yǒu xīnxiān de qíncài ma?
5. 有 新鲜 的 芹菜 吗?
ཆིན་ཚལ་སོས་པ་ཡོད་དམ།

Duìhuà 对话 ཁ་བརྡ།

Zài càishìchǎng mǎi cài 在 菜市场 买菜 ཚལ་ཁྲོམ་ནས་ཚལ་ཉོ་བ།

Luòsāng: Jīdàn zěnme mài de?
洛 桑：鸡蛋 怎么 卖 的?
བློ་བཟང་། སྒོ་ང་གང་འདྲ་བཙོང་གི་ཡོད་རེད།

Shāngfàn: Sì kuài yì jīn.
商贩： 四 块 一 斤。

ཚོང་པ།: རྒྱ་མ་གང་ལ་སྒོར་བཞི་རེད།

Luòsāng: Néng zài piányi diǎnr ma?
洛 桑： 能 再 便宜 点儿 吗？

བློ་བཟང་། ད་དུང་ཁེ་ཙམ་གནང་དང་།

Shāngfàn: Yǐjīng hěn piányi le.
商贩： 已经 很 便宜 了。

ཚོང་པ། གོང་ཁེ་པོ་ཞེ་དྲགས་རེད།

Luòsāng: Wǒ yào shí kuài qián de.
洛 桑：我 要 十 块 钱 的。

བློ་བཟང་། ང་ལ་སྒོར་བཅུའི་སྒོ་ང་དགོས་ཡོད།

Mǎi wán jīdàn zhīhòu
买 完 鸡蛋 之后

སྒོ་ང་ཉོས་ཚར་རྗེས།

Luòsāng: Yǒu xīnxiān de qíncài ma?
洛 桑： 有 新鲜 的 芹菜 吗？

བློ་བཟང་། ཆིན་ཚལ་སོས་པ་ཡོད་དམ།

Shāngfàn: Yǒude.
商贩： 有的。

ཚོང་པ། ཡོད།

Luòsāng: Duōshǎo qián yì jīn?
洛 桑： 多少 钱 一 斤？

བློ་བཟང་། རྒྱ་མ་གང་ལ་སྒོར་ག་ཚོད་རེད།

Shāngfàn: Sān kuài.
商贩： 三 块。

ཚོང་པ། སྒོར་གསུམ།

Luòsāng: Gěi wǒ lái liǎng jīn.
洛 桑：给 我 来 两 斤。

བློ་བཟང་། ང་ལ་རྒྱ་མ་གཉིས་དགོས།

Tuòzhǎn Cíhuì
拓展 词汇 མིང་ཚིག་རྒྱ་སྐྱེད།

1. yādàn	鸭蛋	བྱ་གག་སྒོང་།
2. guì	贵	གོང་ཆེ་བ།
3. shuǐguǒ	水果	ཤིང་ཏོག
4. kè	克	ཁེ།
5. gōngjīn	公斤	སྤྱི་རྒྱ།
6. liǎng	两	སྲང་།
7. shòuròu	瘦肉	ཤ་སྣག
8. féiròu	肥肉	ཤ་ཚོན་པོ།
9. páigǔ	排骨	རྩིབ་ཤ

[附]

CíHuì Jí

词汇集 ཚིག་ཚོགས།

Shēngxiān Guǒshū

生鲜 果蔬

སིལ་ཏོག་དང་སྔོ་ཚལ།

làjiāo 辣椒 སྒུར་པན།	jiǔcài 韭菜 ཀེའུ་ཚོད།	dòujiǎo 豆角 གང་ཟུ།	qiézi 茄子 ཆེ་ཙེ།
luóbo 萝卜 ལ་ཕུག	xīhóngshì 西红柿 ཀྲུ་མ་ཀྲུ།	tǔdòu 土豆 ཞོག་ཁོག	báicài 白菜 པད་ཚལ།
yángcōng 洋葱 རྒྱ་ཙོང་།	shānyào 山药 རི་སྨན།	nánguā 南瓜 ནན་ཀྭ།	huángguā 黄瓜 ཧོང་ཀྭ།
dōngguā 冬瓜 ཏུང་ཀྭ།	suàn 蒜 སྒོག་པ།	cōng 葱 ཙོང་།	jiāng 姜 སྒ།
yángròu 羊肉 ལུག་ཤ	zhūròu 猪肉 ཕག་ཤ	niúròu 牛肉 ཚགས་ཤ	jīròu 鸡肉 བྱ་ཤ
píngguǒ 苹果 ཀུ་ཤུ།	júzi 桔子 ཚ་ལུ་མ།	lízi 梨子 ལི་ཙེ།	xīguā 西瓜 སིལ་ཀྭ

18 Zū Fáng 租房 ཁང་པ་གླ་བ།

Héxīn Jùxing 核心 句型 བརྗོད་རྣམ་གཙོ་བོ།

Wǒ xiǎng zū yì jiān fángzi.
1. 我 想 租 一 间 房子。
ང་ཁང་པ་གཅིག་གླ་འདོད་ཡོད།

Yào yǒu jiājù, zuìhǎo yǒu chúfáng.
2. 要 有 家具，最好 有 厨房。
ཁྱིམ་ཆས་ཡོད་པ་དང་། ཡག་ཤོས་བྱུང་ན་ཐབ་ཚང་དགོས་ཡོད།

Fángzū yí gè yuè duōshǎo qián?
3. 房租 一 个 月 多少 钱？
ཟླ་བ་གཅིག་ལ་ཁང་གླ་ག་ཚོད་རེད།

Chángzū kěyǐ piányi ma?
4. 长租 可以 便宜 吗？
ཡུན་རིང་གླས་ན་ཁེ་ཚམ་བྱེད་དམ།

Shénme shíhou kěyǐ rùzhù?
5. 什么 时候 可以 入住？
ག་དུས་བསྡད་ཆོག་གི་རེད།

Duìhuà 对话 ཁ་བརྡ།

Luòsāng: Wǒ xiǎng zū yī jiān fángzi.
洛 桑：我 想 租 一 间 房子。
བློ་བཟང་། ང་ཁང་པ་གཅིག་གླ་འདོད་ཡོད།

Fángdōng: Nǐ xiǎng zū shénmeyàng de?
房东： 你 想 租 什么样 的？
ཁང་བདག ཁྱེད་རང་ཁང་པ་གང་འདྲ་གླ་འདོད་ཡོད།

Luòsāng: Yào yǒu jiājù , zuìhǎo yǒu chúfáng.
洛 桑 : 要 有 家具， 最好 有 厨房 。

བློ་བཟང་། ཁྱིམ་ཆས་ཡོད་པ་དང་། ཡག་ཤོས་བྱུང་ན་ཐབ་ཚང་དགོས་ཡོད།

Fángdōng: Jiājù dōu yǒu, chúfáng kěyǐ gòng yòng.
房东: 家具 都 有， 厨房 可以 共 用 。

ཁང་བདག། ཁྱིམ་ཆས་ཚང་མ་ཡོད་རེད། ཐབ་ཚང་མཉམ་དུ་སྤྱོད་ཆོག

Luòsāng: Yí gè yuè duōshǎo qián?
洛 桑 : 一 个 月 多少 钱 ?

བློ་བཟང་། ཟླ་རེའི་ཁང་གླ་ག་ཚོད་རེད།

Fángdōng: Sìbǎi , sān gè yuè qǐ zū , yào yāyīfùsān .
房东: 四百， 三 个 月 起 租， 要 押一付三。

ཁང་བདག བཞི་བརྒྱ། ཟླ་བ་གསུམ་ཡན་གླ་དགོས། གཏའ་དངུལ་གཅིག་དང་ཟླ་གསུམ་ཁང་གླ་སྤྲོད་དགོས།

Luòsāng: Chángzū kěyǐ piányi ma?
洛 桑 : 长租 可以 便宜 吗?

བློ་བཟང་། ཡུན་རིང་གླས་ན་ཁེ་ཚམ་བྱེད་དམ།

Fángdōng: Zū yì nián kěyǐ piányi bābǎi.
房东： 租 一 年 可以 便宜 八百。

ཁང་བདག ལོ་གཅིག་གླས་ན་སྒོར་མོ་བརྒྱད་བརྒྱ་ཁེ་རུ་བཏང་ཆོག

Luòsāng: Shénme shíhou kěyǐ rùzhù?
洛 桑： 什么 时候 可以 入住？

བློ་བཟང་། ག་དུས་བསྡད་ཆོག་གི་རེད།

Fángdōng: Suíshí kěyǐ bān jìnlái.
房东： 随时 可以 搬 进来。

ཁང་བདག ག་དུས་བསྡད་ཆོག་ཆོག་རེད།

Tuòzhǎn Cíhuì
拓展 词汇 མིང་ཚིག་རྒྱ་སྐྱེད།

1. duǎnzū	短租	ཡུན་ཐུང་གླ་བ།
2. zūjīn	租金	གླ་དངུལ།
3. yājīn	押金	གཏའ་དངུལ།
4. chuáng	床	ཉལ་ཁྲི།
5. yīguì	衣柜	ཆ་སྒམ།
6. cānzhuō	餐桌	གསོལ་ཅོག
7. yǐzi	椅子	རྐུབ་སྟེགས།
8. wòshì	卧室	ཉལ་ཁང་།
9. wèishēngjiān	卫生间	ཁྲུས་ཁང་།
10. ānjìng	安静	ཁུ་སིམ།
11. gānjìng	干净	གཙང་མ།

CíHuì Jí 词汇集 ཚིག་ཚོགས།

Jiāyòng Diànqì 家用 电器 ཁྱིམ་སྤྱོད་གློག་ཆས།

kōngtiáo 空调 དྲོ་གྲང་སྙོམས་སྒྲིག	bīngxiāng 冰箱 འཁྱགས་སྒམ།	diànshìjī 电视机 བརྙན་འཕྲིན།	xǐyījī 洗衣机 གོས་འཁྲུད་འཕྲུལ་ཆས།
diàncílú 电磁炉 གློག་སྡུད་ཐབ།	wēibōlú 微波炉 རླབས་ཕྲན་ཐབ།	diànrètǎn 电热毯 གློག་གདན།	diànfēngshàn 电风扇 གློག་གཡབ།
yóuyānjī 油烟机 སྣུམ་དུ་འཐེན་བྱེད་འཕྲུལ་ཆས།	diànfànguō 电饭锅 གློག་ཁོག	diànrèshuǐqì 电热水器 ཆུ་སྐོལ་གློག་ཆས།	diànshuǐhú 电水壶 གློག་ཞིར།

19 KànBìng Mǎi Yào
看病 买药
 སྨན་པ་བརྟེན་ཞིང་སྨན་ཉོ་བ།

Héxīn Jùxíng
核心 句型 བརྗོད་རྣམ་གཙོ་བོ།

Qǐng wèn, dùzi bù shūfu kàn nǎgè kē?
1. 请问，肚子不舒服看哪个科？
བཀའ་འདྲི་ཞུ་རྒྱུར། གྲོད་ཁོག་བདེ་པོ་མེད་ན་ཚན་ཁག་གང་ལ་དགོས་རེད།

Nǐ yào xiān bàn jiùzhěnkǎ hé bìnglìběn.
2. 你要先办就诊卡和病历本。
ཁྱེད་ཀྱིས་སྔོན་ལ་སྨན་བཅོས་ཁཱ་དང་སྨན་དེབ་བཟོ་དགོས།

Kāi diǎn yào chī jiù kěyǐ le.
3. 开点药吃就可以了。
སྨན་ཞིག་བྱིན་ནས་འཐུང་ན་ཆོག

Zhège yào yǒu shénme jìkǒu ma?
4. 这个药有什么忌口吗？
སྨན་འདིར་ཁ་འཛེམས་དགོས་པ་གང་ཡོད།

Duō chī qīngdàn de.
5. 多吃清淡的。
ཟས་ཆོ་ལྕང་བ་མང་ཙམ་མཆོད་དང་།

Duìhuà
对话 ཁ་བརྡ།

lái dào yīyuàn
来到 医院

སྨན་ཁང་ལ་སླེབས་པ།

Luòsāng: Qǐng wèn, dùzi bù shūfu kàn nǎ gè kē?
洛桑：请问，肚子不舒服看哪个科？
བློ་བཟང་། བཀའ་འདྲི་ཞུ་རྒྱུར། གྲོད་ཁོག་བདེ་པོ་མེད་ན་ཚན་ཁག་གང་ལ་དགོས་རེད།

Dǎoyī：Nèikē. xiān qù bàn jiùzhěnkǎ hé bìnglìběn.
导医：内科。先 去 办 就诊卡 和 病历本。

སྨན་བཅོས་སྟེ་ཤན་པ། ཁོག་ནད་ཚན་ཁག སྔོན་ལ་སྨན་བཅོས་ཀྱི་དང་སྨན་དེབ་བཟོ་དགོས།

Luòsāng：Zài nǎlǐ kěyǐ bàn?
洛 桑：在 哪里 可以 办？

བློ་བཟང་། གང་ནས་བཟོ་དགོས།

Dǎoyī：Guàhàochù.
导医： 挂号处 。

སྨན་བཅོས་སྟེ་ཤན་པ། ཨང་ཐོ་འགོད་ས།

（Guà hǎo hào hòu lái dào nèikē）
（挂 好 号 后 来 到 内科）

（ཨང་ཐོ་བཀོད་ཚར་རྗེས་ཁོག་ནད་ཚན་ཁག་ལ་སོང་།）

Hùshi：Xiān shuā jiùzhěnkǎ páihào.
护士：先 刷 就诊卡 排号。

སྨན་གཡོག སྨན་བཅོས་ཀྱི་བཤེར་ནས་གྲལ་རིམ་སྒྲིག་དགོས།

(Shuākǎ hòu)
(刷卡 后)

(ཀཱ་བཀོལ་རྗེས།)

Hùshi: Nǐ shì shísì hào, zài dì-yī zhěnshì.
护士：你 是 十四 号，在 第一 诊室。

སྨན་གཡོག ཁྱེད་རང་ཨང་བཅུ་བཞི་ཡིན་པས། སྨན་བཅོས་ཁང་དང་པོར་ཕེབས།

(Kànbìng)
(看病)

(ནད་ལྟ་བ།)

Yīshēng: nǎr bù shūfu?
医生：哪儿 不 舒服？

སྨན་པ། ག་པར་བདེ་པོ་མིན་འདུག

Luòsāng: Wǒ dùzi téng.
洛 桑：我 肚子 疼。

བློ་བཟང་། ངའི་གྲོག་ཁོག་ན་གི་འདུག

(Yīshēng jiǎnchá hòu)
(医生 检查 后)

(སྨན་པས་བརྟག་དཔྱད་བྱས་རྗེས།)

Yīshēng: Yǒudiǎnr xiāohuà bù liáng, kāi diǎn yào chī jiù kěyǐ le.
医生： 有点儿 消化 不 良，开 点 药 吃 就 可以 了。

སྨན་པ། ཟས་འཇུ་གི་མིན་འདུག སྨན་ཏོག་ཙམ་ཟོས་ནས་ཟས་ན་ཆོག

yàodiàn mǎi yào
药店 买 药

སྨན་རྫས་ཚོང་ཁང་ནས་སྨན་ཉོ་བ།

Luòsāng: Wǒ xiǎng mǎi diǎn zhù xiāohuà de yào.
洛 桑：我 想 买 点 助 消化 的 药。

བློ་བཟང་། ང་འཇུ་སྨན་ཏོག་ཙམ་ཉོ་འདོད་ཡོད།

Yàoshī: Gěi, yì tiān sān cì, yí cì liǎng piàn.
药师：给，一 天 三 次，一 次 两 片。

སྨན་སྦྱོར་པ། ལེན་དང་། ཉིན་གཅིག་ལ་ཐེངས་གསུམ། ཐེངས་རེར་རིལ་བུ་གཉིས།

Luòsāng：Zhè ge yào yǒu shénme jìkǒu ma?
洛 桑：这 个 药 有 什么 忌口 吗？

བློ་བཟང་། སྨན་འདིར་ཁ་འཛེམས་དགོས་པ་གང་ཡོད།

Yàoshī： Jì xīnlà，duō chī qīngdàn de.
药师：忌 辛辣，多 吃 清淡 的。

སྨན་སྦྱོར་པ། ཙི་པ་ཟ་ན་འཛེམས་དགོས། ཞག་ཚི་ཆུང་བ་མང་ཙམ་མཆོད་དང་།

1. wàike	外科	ཕྱི་ནད་ཚན་ཁག
2. hùshizhàn	护士站	སྨན་གཡོག་ས་ཚིགས།
3. fúwùzhàn	服务站	ཞབས་ཞུའི་ས་ཚིགས།
4. jízhěn	急诊	འཕྲལ་བཅོས།
5. zhùyuàn	住院	སྨན་ཁང་དུ་སྡོད་པ།
6. shǒushù	手术	གཤག་བཅོས།
7. gǎnmào	感冒	ཆམ་ནད།
8. fāshāo	发烧	ཚ་བ་རྒྱས་པ།
9. yùfáng	预防	སྔོན་འགོག
10. zhǐtòngyào	止痛药	གཟེར་གཅོག་སྨན།
11. xiāoyányào	消炎药	གཉན་སྨན།

CíHuì Jí
词汇集 ཚིག་ཚོགས།

Shēntǐ Bùwèi Jí Qìguān
身体 部位 及 器官
གཟུགས་པོའི་ཡན་ལག་དང་དབང་པོ།

tóu 头 མགོ།	yǎnjing 眼睛 མིག	ěrduo 耳朵 རྣ།	bízi 鼻子 སྣ།
yáchǐ 牙齿 སོ།	xīnzàng 心脏 སྙིང་།	shǒu 手 ལག་པ།	wèi 胃 ཕོ་བ།
jiānbǎng 肩膀 ཕྲག	bózi 脖子 སྐེ།	tuǐ 腿 རྐང་པ།	yāo 腰 སྐེད་པ།
xīgài 膝盖 པུས་མོ།	jiǎo 脚 རྐང་།	xiōng 胸 བྲང་།	liǎn 脸 ངོ་།
zuǐ 嘴 ཁ།	hóulóng 喉咙 མིད་པ།	shétou 舌头 ལྕེ།	hòubèi 后背 སྒལ་སྐྲད།

20 BànLǐ YínHáng YèWù
办理 银行 业务
དངུལ་ཁང་ལས་སྒོ་གཉེར་བ།

Héxīn Jùxíng 核心 句型 བརྗོད་རྣམ་གཙོ་བོ།

Wǒ xiǎng bàn zhāng yínhángkǎ.
1. 我 想 办 张 银行卡。
ང་དངུལ་ཁང་ཀ་ཞིག་བཟོ་འདོད་ཡོད།

Nín kěyǐ zài zìdòngqǔkuǎnjī qǔ qián.
2. 您 可以 在 自动取款机 取 钱。
ཁྱེད་ཀྱིས་རང་འགུལ་དངུལ་ལེན་འཕྲུལ་ཆས་ཐོག་ནས་དངུལ་ལེན་ཆོག

Qǐng shūrù nín yào zhuǎnzhàng de jīn'é.
3. 请 输入 您 要 转账 的 金额。
ཁྱེད་ཀྱིས་རྩིས་ཐོ་སྤོ་བའི་དངུལ་གྲངས་འཇུག་རོགས་གནང་།

Qǐng shūrù mìmǎ.
4. 请 输入 密码。
གསང་ཨང་འཇུག་རོགས་གནང་།

Àn lǜsè de quèrènjiàn jiù kěyǐ le.
5. 按 绿色 的 确认键 就 可以 了。
ལྗང་མདོག་གཏན་ཁེལ་མཐེབ་གཅུས་མནན་ན་འགྲིག་གི་རེད།

Duìhuà 对话 ཁ་བརྡ།

Lái dào yínháng 来 到 银行
དངུལ་ཁང་ལ་སླེབས་པ།

Gōngzuò rényuán: Qǐng wèn nín yào bàn shénme yèwù?
工作 人员：请 问 您 要 办 什么 业务?
ལས་དོན་མི་སྣ། བཀའ་འདྲི་ཞུ་རྒྱུར། ཁྱེད་རང་ལས་སྒོ་གང་གཉེར་དགོས་ཡོད།

Luòsāng: Wǒ xiǎng bàn zhāng yínhángkǎ.
洛 桑：我 想 办 张 银行卡。

བློ་བཟང་། ང་དངུལ་ཁང་ཀཱ་ཞིག་བཟོ་འདོད་ཡོད།

Gōngzuò rényuán: Xiān děngdài jiàohào.
工作 人员：先 等待 叫号。

ལས་དོན་མི་སྣ། སྔོན་ལ་ཨང་རིམ་སྒུག་དགོས།

Luòsāng: Hǎo de.
洛 桑：好 的。

བློ་བཟང་། ལགས་སོ།

Zài réngōng chuāngkǒu bànlǐ yínhángkǎ
在 人工 窗口 办理 银行卡
མིས་བཟོས་སྒེའུ་ཁུང་ནས་དངུལ་ཁང་ཀཱ་བཟོ་བ།

Gōngzuò rényuán: Qǐng chūshì nín de shēnfènzhèng.
工作 人员：请 出示 您 的 身份证。

ལས་དོན་མི་སྣ། ཁྱེད་ཀྱི་ཐོབ་ཐང་ལག་ཁྱེར་སྟོན་རོགས་གནང་།

Luòsāng: Gěi.
洛 桑：给。

བློ་བཟང་། ཁྱེན་དང་།

Gōngzuò rényuán: Nín xūyào shèzhì yì gè liùwèishù de mìmǎ.
工作　人员：您需要设置一个六位数的密码。

ལས་དོན་མི་སྣ། ཁྱེད་ཀྱིས་གྲངས་གནས་དྲུག་གི་གསང་ཨང་སྒྲིག་བཀོད་བྱེད་དགོས།

Luòsāng: Shè hǎo le.
洛桑：设好了。

བློ་བཟང་། སྒྲིག་བཀོད་ཚར་སོང་།

Gōngzuò rényuán: Nín de yínhángkǎ, qǐng shōu hǎo.
工作　人员：您的银行卡，请收好。

ལས་དོན་མི་སྣ། ཁྱེད་ཀྱི་དངུལ་ཁང་ཀཱ་བདག་གཉེར་ཡག་པོ་བྱེད་རོགས།

Luòsāng: Hǎo de. Qǐng wèn cún qǔ qián zài nǎr bàn?
洛桑：好的。请问存取钱在哪儿办？

བློ་བཟང་། ལགས་སོ། བཀའ་འདྲི་ཞུ་རྒྱུར་དངུལ་བཅོལ་ལེན་གང་ནས་གཉེར་དགོས།

Gōngzuò rényuán: Kěyǐ zài chuāngkǒu, yě kěyǐ zài zìdòngqǔkuǎnjī (ATM) cún qǔ qián.
工作　人员：可以在窗口，也可以在自动取款机（ATM）存取钱。

ལས་དོན་མི་སྣ། སྒེའུ་ཁུང་ནས་དངུལ་ལེན་ན་ཆོག ཡང་ན་རང་འགུལ་དངུལ་ལེན་འཕྲུལ་ཆས་（ATM）ཐོག་ནས་དངུལ་བཅོལ་ལེན་བྱས་ན་ཆོག

láidào ATM qián
来到 ATM 前
འཕྲུལ་ཆས་ATMམདུན་དུ་སླེབས་པ།

Luòsāng: Qǐng wèn zìdòngqǔkuǎnjī zěnme yòng?
洛桑：请问自动取款机怎么用？

བློ་བཟང་། བཀའ་འདྲི་ཞུ་རྒྱུར་རང་འགུལ་དངུལ་ལེན་འཕྲུལ་ཆས་ཅི་ལྟར་བཀོལ་དགོས།

Gōngzuò rényuán: Nín xiān chā kǎ.
工作　人员：您先插卡。

ལས་དོན་མི་སྣ། སྔོན་ལ་ཀཱ་བླུགས་དགོས།

Luòsāng: Hǎo le.
洛桑：好了。

བློ་བཟང་། ལགས་སོ།

Gōngzuò rényuán: Shūrù mìmǎ, zài xuǎn nín yào bàn de yèwù.
工作　人员：输入密码，再选您要办的业务。

ལས་དོན་མི་སྣ། གསང་ཨང་བཅུག་རྗེས། ཁྱེད་ཀྱིས་གཉེར་བའི་ལས་སྒོ་གདམ་དགོས།

Luòsāng: Wǒ yào zhuǎn qián.
洛 桑：我 要 转 钱。

བློ་བཟང་། ང་དངུལ་ཐོ་སྤོ་དགོས།

Gōngzuò rényuán: Shūrù nín yào zhuǎnzhàng de jīn'é, àn lǜsè de
工作 人员：输入 您 要 转账 的 金额，按 绿色 的
quèrènjiàn jiù kěyǐ le.
确认键 就 可以 了。

ལས་དོན་མི་སྣ། ཁྱེད་ཀྱིས་རྩིས་ཐོ་སྤོ་བའི་དངུལ་གྲངས་འཇུག་རོགས་གནང་། ལྗང་མདོག་གཏན་ཁེལ་མཐེབ་གཅུས་མནན་ན་འགྲིག་གི་རེད།

1. chǔxùkǎ	储蓄卡	དངུལ་བཙོལ་ཀཱ
2. yínliánkǎ	银联卡	དངུལ་འབྲེལ་ཀཱ
3. cúnzhé	存折	བཙོལ་དེབ།
4. kāitōng	开通	ཤར་གཏོང་།
5. cúnqián	存钱	བཙོལ་དངུལ།
6. diànxìn	电信	གློག་འཕྲིན།
7. yídòng	移动	སྒུལ་འཕྲིན།
8. liántōng	联通	འབྲེལ་འཕྲིན།
9. fāpiào	发票	འཛིན་བྱང་།
10. shōujù	收据	བྱང་འཛིན།
11. fǎnhuí	返回	ཕྱིར་ལོག
12. qǔxiāo	取消	ཕྱིར་འཐེན།

CíHuì Jí
词汇集 ཚིག་ཚོགས།

Yínháng Míngchēng
银行 名称
དངུལ་ཁང་གི་མིང་།

Jiāotōng Yínháng
交通银行
འགྲིམ་འགྲུལ་དངུལ་ཁང་།

Mínshēng Yínháng
民生银行
དམངས་འཚོ་དངུལ་ཁང་།

Yóuzhèng Chǔxù Yínháng
邮政储蓄银行
སྦྲག་སྲིད་དངུལ་གསོག་དངུལ་ཁང་།

Zhāoshāng Yínháng
招商银行
ཚོང་བསྡུ་དངུལ་ཁང་།

Zhōngguó Gōngshāng Yínháng
中国工商银行
ཀྲུང་གོ་བཟོ་ཚོང་དངུལ་ཁང་།

Zhōngguó Jiànshè Yínháng
中国建设银行
ཀྲུང་གོ་འཛུགས་སྐྲུན་དངུལ་ཁང་།

Zhōngguó Nóngyè Yínháng
中国农业银行
ཀྲུང་གོ་ཞིང་ལས་དངུལ་ཁང་།

Zhōngguó Yínháng
中国银行
ཀྲུང་གོ་དངུལ་ཁང་།

图书在版编目（CIP）数据

藏语对照版最简实用普通话100句 / 杨亦鸣，刘朋建
主编. -- 北京：社会科学文献出版社，2020.11
　　ISBN 978-7-5201-7370-4

　　Ⅰ.①藏…　Ⅱ.①杨…　②刘…　Ⅲ.①普通话－自学
参考资料　Ⅳ.①H102

中国版本图书馆CIP数据核字（2020）第185574号

藏语对照版最简实用普通话100句

主　　编 / 杨亦鸣　刘朋建
执行主编 / 刘　涛　王仁法

出 版 人 / 谢寿光
责任编辑 / 李建廷
文稿编辑 / 杨春花

出　　版 / 社会科学文献出版社·人文分社（010）59367215
　　　　　　地址：北京市北三环中路甲29号院华龙大厦　邮编：100029
　　　　　　网址：www.ssap.com.cn
发　　行 / 市场营销中心（010）59367081　59367083
印　　装 / 三河市东方印刷有限公司

规　　格 / 开　本：787mm×1092mm 1/16
　　　　　　印　张：7.75　字　数：81千字
版　　次 / 2020年11月第1版　2020年11月第1次印刷
书　　号 / ISBN 978-7-5201-7370-4
定　　价 / 58.00元